LA CONSCIENCE
INTUITIVE
EXTRANEURONALE

Du même auteur

La Mort décodée, Exergue, 2008 ; Guy Trédaniel éditeur, 2011.
Les Preuves scientifiques d'une vie après la vie, Exergue, 2008 ;
J'ai Lu, coll. « Aventure Secrète », 2016.
Histoires incroyables d'un anesthésiste-réanimateur,
Le Cherche Midi, 2010.
La Médecine face à l'au-delà, Guy Trédaniel éditeur, 2010.
Les 7 Bonnes Raisons de croire à l'au-delà, Guy Trédaniel éditeur, 2012 ;
J'ai Lu, coll. « Aventure Secrète », 2015.
Les 3 Clés pour vaincre les pires épreuves de la vie,
Guy Trédaniel éditeur, 2013.
*4 regards sur la mort et ses tabous : soins palliatifs, euthanasie, suicides
assistés et expériences de mort imminente*, Guy Trédaniel éditeur, 2015.
La Mort expliquée aux enfants mais aussi aux adultes,
Guy Trédaniel éditeur, 2015.

Pour contacter l'auteur : www.charbonier.fr.

© Guy Trédaniel éditeur, 2017

ISBN : 978-2-8132-1387-7

www.editions-tredaniel.com
info@guytredaniel.fr
www.facebook.com/editions.tredaniel

Dr JEAN-JACQUES CHARBONIER

LA CONSCIENCE INTUITIVE EXTRANEURONALE

UN CONCEPT RÉVOLUTIONNAIRE SUR L'APRÈS-VIE ENFIN RECONNU PAR LA MÉDECINE

Guy**Trédaniel** éditeur

19, rue Saint-Séverin
75005 Paris

Avant-propos

Il m'a fallu plus de trente ans de recherches et de réflexions pour proposer le modèle révolutionnaire du fonctionnement de la conscience qui est exposé dans ce livre.

On peut dire que le 15 décembre 2014 est une date historique. Ce jour-là, la médecine française reconnaît enfin dans un document officiel d'État l'existence d'un nouveau concept, à savoir celui d'une conscience totalement indépendante de la matière qui agit sur le cerveau à la manière d'un nuage électronique sur un ordinateur.

Dans la thèse de doctorat en médecine de François Lallier[1], que j'ai eu le plaisir de diriger, cette hypothèse

---

1. Lallier F., *Facteurs associés aux expériences de mort imminente dans les arrêts cardio-respiratoires réanimés*, thèse de doctorat en médecine, Reims, 2014.

avant-gardiste permet de comprendre et d'accepter les expériences vécues par certaines personnes au cours de leur arrêt cardiaque.

J'ai nommé *conscience intuitive extraneuronale* ou CIE cette source indestructible d'informations qui fait de chacun d'entre nous un être unique, éternel et totalement relié aux différentes énergies spirituelles de l'Univers.

Mais cette CIE n'est pas qu'une simple abstraction servant à expliquer aisément des événements incompris et totalement rejetés par les dogmes de la pensée matérialiste. Nous verrons dans cet ouvrage que cette modélisation originale débouche sur des applications cliniques pratiques et change du tout au tout nos conceptions les plus élémentaires sur l'essentiel de nos vies : notre moi le plus intime, nos relations aux autres, mais aussi la place que nous tenons dans l'Univers.

Avertissement

Tous les témoignages rapportés dans cet ouvrage sont authentiques ; ils m'ont été personnellement adressés par écrit ou confiés lors d'entrevues. À la demande de certains témoins, j'ai supprimé toute indication qui aurait pu permettre de reconnaître les personnes impliquées.

1

La conception classique de la conscience

Pour la majorité des gens, être conscient revient à avoir la perception de sa propre existence tout en ayant la possibilité de se repérer dans le temps et dans l'espace : *Je sais que je vis, je sais qui je suis, où je suis, où j'en suis de ma vie, et donc je suis conscient.*

Cette façon de concevoir la conscience impose de capter des informations relatives à notre environnement. Nos cinq sens permettent de le faire avec les performances qui leur sont propres. Mais celles-ci ont leurs limites. Par exemple, notre odorat est quarante fois moins élevé que celui d'un chien et un aigle penserait probablement être devenu aveugle si sa vision était subitement réduite à la nôtre.

Cette forme de conscience analyse et mémorise. Elle évalue et mesure. Elle autorise ou interdit la captation de données. Cette sorte de censure qui filtre les informations perçues est la base du principe des illusions d'optique. Le cerveau va trier et traiter des informations visuelles pour reproduire une image ou une scène qui lui semble logique en fonction des souvenirs stockés. On l'aura facilement compris, plus les apprentissages seront importants, plus toutes ces analyses seront riches et abondantes, et plus les blocages des perceptions dissonantes seront forts.

Nos organes sensoriels envoient des milliards de données à nos neurones, qui les assimilent et les traitent par l'intermédiaire d'échanges biochimiques et électriques. J'ai nommé *conscience analytique cérébrale* ou CAC cette forme très « conventionnelle » de conscience.

En définissant plus loin la *conscience intuitive extraneuronale (CIE)*, nous verrons que la CAC ne peut que bloquer les informations qui s'y rapportent. En effet, celles-ci sont trop dissonantes pour être acceptées par la CAC.

2

La reconnaissance médicale de la conscience intuitive extraneuronale

Avant de détailler la modélisation originale que je propose, commençons par exposer sa validation médicale.

Celle-ci est le fruit d'une rencontre faite en 2011 avec François Lallier, un jeune étudiant en médecine du CHU de Reims qui travailla pendant trois ans sous ma direction sur un sujet qui m'est cher : les EMI[1]. Le

---

1. EMI, pour expérience de mort imminente, ou NDE, pour *Near Death Expérience*, ou EMP, pour expérience de mort provisoire, sont des expériences particulières vécues par celles et ceux qui ont

15 décembre 2014, François, devenu depuis un ami, put soutenir sa thèse de doctorat. Et celle-ci fut couronnée de succès puisqu'elle reçut une récompense maximale : mention très honorable avec félicitations du jury. Son étude repose sur 118 dossiers de patients ayant été réanimés d'un arrêt cardiaque. Dix-huit (soit 15,3 %) de ces rescapés sont des « expérienceurs[2] », selon les critères de Greyson[3]. L'étude analytique transversale de cette thèse porte sur la période de 2005 à 2012 au CHU de Reims. Les antécédents médico-chirurgicaux et les traitements habituels de ces patients ont été recueillis.

---

connu un arrêt cardiaque. Dans bien des cas, ces personnes racontent être sorties de leur corps, avoir assisté à leur propre réanimation et à des scènes se déroulant à distance. Elles ont pu voyager dans le temps et dans l'espace et ont fait une incursion dans l'au-delà après être passées dans un tunnel au bout duquel se trouvait une lumière d'amour inconditionnel. Certaines disent avoir rencontré des êtres chers déjà décédés, des guides spirituels, des anges ou même Dieu.

2. Ceux qui ont vécu une EMI.

3. Série de 16 questions spécifiques à l'EMI, notées chacune de 0 à 2. Il faut avoir un score total supérieur ou égal à 7 sur 32 pour considérer que le sujet a bien vécu une EMI.

La conclusion de cette étude stipule : les EMI sont relativement fréquentes dans les ACR[4] (15,3 %). Aucune augmentation significative des EMI n'a été mise en évidence chez les patients ayant des antécédents psychiatriques, neurologiques ou cardio-vasculaires. Il y avait en revanche significativement moins souvent d'EMI chez les sujets prenant des traitements au long cours, en particulier des bêtabloquants[5] ou des benzodiazépines[6].

Outre l'importante fréquence du phénomène, que l'on connaissait déjà, les travaux de François Lallier attestent que l'EMI n'est ni liée à une maladie psychiatrique, ni en rapport avec un traitement psychotrope. Cette conclusion permet donc d'écarter plus facilement l'explication hallucinatoire chère aux matérialistes.

Plus révolutionnaires encore, certains morceaux choisis de cette thèse, que je rapporte ici, officialisent mon concept de CAC et de CIE ainsi que mon appellation d'expérience de mort provisoire, EMP, qui est sémantiquement plus adaptée que le terme EMI. En effet, la mort clinique est déclarée quand il n'y a plus aucune activité électrique

---

4. Arrêt cardio-respiratoire.
5. Médicament anti-hypertenseur.
6. Médicament utilisé pour réduire l'anxiété.

décelable au niveau du cortex cérébral : l'EEG[7] est plat. On sait que, lors d'un ACR, il y a une période incompressible d'au moins deux minutes pour faire repartir un cœur par les manœuvres classiques de réanimation, et ce dans le meilleur des cas. Il est évident que, lorsque les secours médicaux interviennent à domicile ou sur la voie publique, la durée de l'ACR dépasse largement ces fameuses deux minutes. Or des études[8], publiées en 2001 et 2002, ont démontré qu'un EEG devenait plat dans les 15 à 20 secondes qui suivaient le dernier battement d'un cœur arrêté. On peut donc facilement en déduire que toutes les personnes qui ont connu un arrêt cardiaque sont bien revenues d'une mort clinique ; elles n'étaient pas proches de la mort (NDE) ou en mort imminente (EMI), elles étaient bel et bien dans un état de mort provisoire (EMP).

---

7. Électroencéphalogramme.
8. Visser G. H., Wieneke G. H., Van Huffelen A. C., De Vries J. W., Bakker P. F., *The development of spectral EEG changes during short periods of circulatory arrest*, J. Clin. Neurophysiol. Off. Publ. Am. Electroencephalogr. Soc., mars 2001, 18(2), p. 169-177.
Parnia S., Fenwick P., *Near death experiences in cardiac arrest : visions of a dying brain or visions of a new science of consciousness*, *Resuscitation*, janvier 2002, 52(1), p. 5-11.

Il est vrai que ces travaux, qui authentifient la mort clinique au moment de l'ACR, dérangent les défenseurs de la théorie matérialiste du « cerveau-sécréteur de conscience ». Mais les faits sont là, et ils sont particulièrement têtus : certains expérienceurs sont en mesure de décrire leur réanimation avec une singulière acuité alors que leur cerveau ne fonctionnait plus. Pour qui veut persister dans un dogme contradictoire qui revient à reconnaître qu'une voiture roule plus vite avec un moteur éteint, il n'y a qu'une seule issue possible : nier les faits constatés !

Mais, au-delà de ces polémiques stériles sur le faux problème de la définition de la mort, revenons sur les extraits significatifs de la thèse de François Lallier :

> « Pour les EMI survenant au cours d'arrêts cardio-respiratoires, certains auteurs préfèrent parler "d'expériences de mort provisoire". C'est d'ailleurs dans cette situation clinique que les EMI ont la plus grande incidence[9]. »

> « Pour expliquer les EMI, le Dr Charbonier a émis l'hypothèse de l'existence d'une autre forme de conscience, la conscience "intuitive extraneuronale".

---

9. Lallier F., *op. cit.*, p., 15.

17

Cette dernière ne pourrait s'activer que lorsque notre puissante conscience "analytique", reliée à nos 5 sens, diminue son influence, comme a fortiori dans les états pathologiques entraînant une dysfonction cérébrale. Cette théorie rejoint la position de certains auteurs, avançant que les EMI prouvent l'origine extracérébrale de la conscience. Pour eux, le cerveau agirait alors comme un "émetteur-récepteur" d'une conscience extracorporelle[10]. »

« Nous observons dans notre étude une baisse croissante de la fréquence des EMI au fur et à mesure de l'enseignement scolaire (primaire/secondaire/enseignement supérieur). Le niveau d'étude augmentant la puissance de la "conscience analytique", la "conscience intuitive" aurait du mal à se libérer et les EMI seraient moins fréquentes. Le principe est identique en ce qui concerne l'augmentation de la fréquence des EMI chez des patients ayant déjà reçu une information sur ces phénomènes, soit par vécu, soit par une source extérieure. Dans l'hypothèse neurobiologique, cette notion d'existence des EMI suggérerait au patient des images ou des représentations qu'il se remémorerait ensuite lors de l'ACR. Mais dans l'hypothèse extracérébrale, cela aiderait la "conscience intuitive" à se développer. Apprenant

---

10. *Ibid.*, p. 16.

alors que des souvenirs peuvent survenir en dehors du fonctionnement de leurs 5 sens, les patients se fixeraient moins sur leur conscience "analytique"[11].»

« Même si la théorie d'une conscience extra-cérébrale reste difficile à concevoir sur le plan médical, elle n'est pas irrationnelle sur le plan scientifique. La théorie d'une conscience extracérébrale permettrait d'ailleurs d'expliquer la survenue des EMI chez des sujets sains, sans aucune pathologie, médicament ou même facteur déclenchant mettant en jeu le pronostic vital. Pour le moment, elle est aussi la seule théorie permettant d'expliquer les expériences de mort imminente partagées[12]. Hors contexte d'EMI, l'interaction à distance entre deux cerveaux d'individus semble déjà prouvée scientifiquement à plusieurs reprises[13].»

Ainsi, grâce au travail de François Lallier, l'hypothèse d'une conscience délocalisée extraneuronale et d'une théorie dualiste mettant en jeu la CAC et la CIE est désormais dans un document de médecine; inscrite

---

11. *Ibid.*, p. 26.

12. Expériences similaires aux EMP vécues par les personnes qui assistent au décès d'un proche.

13. *Ibid.*, p. 31.

à tout jamais depuis le 15 décembre 2014 dans les chromosomes de la science. Pour la première fois, le monde médical reconnaît de façon officielle l'existence d'un esprit indépendant de la matière ! Car, on peut bien l'écrire ici, puisque nous ne sommes pas soumis à un jury de thèse, il n'y a aucune différence entre la « conscience intuitive extraneuronale » et le mot « esprit ». Simple question de vocabulaire...

Quelques mois plus tôt, le Dr Sam Parnia[14] avait publié une étude reposant sur l'interrogatoire de 101 personnes réanimées après un arrêt cardiaque. J'avais déjà rencontré ce réanimateur anglais de Southampton en 2006, à Martigues, alors que nous intervenions dans un colloque international présentant le bilan de nos recherches sur les EMI[15]. J'avais apprécié son exposé ainsi que l'ébauche

---

14. Professeur adjoint de médecine de soins intensifs et directeur de recherche sur la réanimation à l'université d'État de New York à Stony Brook.

15. Beauregard M., Charbonier J.-J., Déthiollaz S., Jourdan J.-P., Mercier E.-S., Moody R., Parnia S., Van Eersel P., Van Lommel P., « L'expérience de mort imminente : premières rencontres internationales », *Actes du colloque*, Martigues, juin 2006, Éd. S17-2007.

de son projet Aware[16]. Pour la présentation de cette étude de 101 dossiers d'arrêts cardiaques, certains médias en firent un peu trop en titrant : « L'étude la plus grande jamais réalisée dans le monde sur les expériences de mort imminente, 2 060 cas étudiés ! » C'est totalement faux. Sam Parnia n'a jamais étudié 2 060 patients, et on s'en aperçoit très rapidement en lisant sa publication écrite dans sa langue maternelle[17]. En fait, ce chiffre de 2 060 correspond à une cohorte d'individus ayant fait un ACE sur une période de 4 ans dans quinze hôpitaux situés en Europe et en Amérique du Nord. Seuls 330 ont été réanimés. Sur ces 330, seuls 140 étaient interrogeables. Et, sur ces 140, seuls 101 ont été interrogés ! Cette étude

---

16. AWAreness during REsuscitation : mise en place de cibles cachées invisibles du lit du patient lorsqu'il est en position allongée, à moins qu'il puisse s'élever au-dessus de son corps pour les observer. Ce test étant réalisé pour objectiver les sorties de corps lors des arrêts cardiaques. Projet présenté au siège de l'ONU, à New York, le 11 septembre 2009. Les images à défilement aléatoire sont disposées sur des écrans pour éviter les risques de divulgation des personnes qui travaillent au voisinage de ces cibles.

17. Parnia S. and col., « *AWARE – AWAreness during, REsuscitation – A prospective study* », *Resuscitation*, *Official Journal of the European Rescucitation Council*, 6 octobre, 2014.

« la plus grande jamais réalisée » est donc plus petite que celle de François Lallier, qui a questionné 118 personnes ! Quoi qu'il en soit, le Dr Sam Parnia a trouvé 9 patients ayant vécu une EMI selon les critères de Greyson (18 dans l'étude du Dr Lallier). Bien qu'étant prospective, son étude ne détrône toujours pas celle de Pim van Lommel[18] publiée dans *The Lancet* en 2001[19], puisque celle-ci repose sur l'interrogatoire de 344 patients avec une meilleure fiabilité de son incidence (12 % d'EMI selon les critères de Greyson). J'ai également rencontré à plusieurs reprises le Dr Pim van Lommel, car il nous est arrivé d'intervenir dans des colloques médicaux où nous étions invités à exposer nos recherches sur les EMI. Nos conclusions sont les mêmes : compte tenu de ce que nous avons appris depuis des années en collectant tous ces témoignages d'expérienceurs, il est totalement impossible que la conscience soit fabriquée par le cerveau. Ce concept poussiéreux est totalement dépassé. Pour nous,

---

18. Cardiologue hospitalier néerlandais mondialement connu pour ses nombreux travaux et publications scientifiques sur les EMP.
19. Van Lommel P., Van Wees R., Meyers V., Elfferich I., « *Near-Death Experience in Survivors of Cardiac Arrest : a Prospective Study in the Netherland* », *The Lancet*, vol 358, 2001.

le cerveau ne peut être qu'un récepteur d'informations extraneuronales, et ces informations, reliées à cette conscience que j'appelle « intuitive », persistent après la mort. Pim van Lommel publiera, quelques mois après la soutenance de thèse de François Lallier, un livre détaillant ce concept en s'appuyant sur les données de la physique quantique. J'ai eu le privilège et l'honneur de rédiger la préface de cet excellent ouvrage[20].

Cependant, plusieurs points sont intéressants dans l'étude de Parnia : 46 personnes rapportent avoir eu un souvenir de leur période d'« inconscience », sans pouvoir être retenues comme ayant vécu une EMI selon les fameuses données de Greyson. Parnia juge cette définition des EMI trop restrictive et trop controversée pour faire avancer les recherches du monde scientifique. Il faudrait également, selon lui, étudier tous les souvenirs des ACR englobés dans les syndromes de stress post-traumatique. Je le rejoins tout à fait sur cette suggestion.

Deux personnes qu'il a interrogées ont vécu une sortie de corps pendant leur ACR. Une seule a été en mesure de raconter sa réanimation. Il s'agit d'un homme de

---

20. Van Lommel P., *Mort ou pas ? Les dernières découvertes médicales sur les EMI*, 2e édition, InterÉditions, 2015.

57 ans, travailleur social de Southampton, qui affirme être sorti de son corps et avoir observé la scène depuis un coin du plafond pendant sa mort clinique. Le patient a pu décrire de façon précise l'utilisation du défibrillateur automatique, dont il dit avoir entendu deux bips consécutifs produits à trois minutes d'intervalle, ainsi que les gestes, les paroles et l'habillement de l'équipe médicale qui l'a réanimé. Tous les détails qu'il a donnés ont pu être corroborés par les intervenants. Ce fait est important, car il prouve qu'une conscience est possible bien après les 30 secondes de l'arrêt cardiaque ; une période où l'EEG est totalement plat et où aucune perception cérébrale n'est possible. Sam Parnia souligne que ce témoignage atteste l'absence de processus hallucinatoire pour expliquer l'EMI puisque les faits rapportés par l'expérienceur en question se sont avérés exacts après de nombreuses vérifications. Le patient était en fibrillation[21] au moment de l'utilisation de l'appareil automatique de réanimation, c'est-à-dire dans une situation où sa perfusion sanguine cérébrale était totalement inefficace. Les cibles cachées du projet Aware n'ont pas pu être vues puisque les deux

---

21. Contractions désordonnées et inefficaces du muscle cardiaque.

patients qui ont fait des sorties de corps ont été réanimés en dehors d'un hôpital équipé de cibles. Dommage…

Pour être tout à fait complet à propos des mesures d'EEG faites au cours d'un arrêt cardiaque, il faut mentionner une étude réalisée en juillet 2013 par Jimo Borjigin[22], à l'université du Michigan. Avec son équipe, cette chercheuse implanta des électrodes dans le cœur, les muscles et le cerveau de neuf rats profondément anesthésiés, avant de leur injecter une solution de chlorure de potassium pour arrêter leur cœur. Au moment de la mort clinique des pauvres petites bestioles, elle nota que la fréquence des ondes cérébrales s'affaiblissait, à l'exception de celle des ondes gamma[23] présentes pendant 30 secondes sur toutes les électrodes cérébrales avant de disparaître totalement et d'aplatir définitivement le tracé. Là aussi, on a largement et exagérément commenté cette expérimentation, qui tendrait à montrer que le cerveau est capable d'avoir une brève mais intense

---

22. Docteur en neurosciences, professeur adjoint du département de physiologie moléculaire et intégrative de l'université de Washington.

23. Les ondes gamma se situent au-dessus de 35 hertz et témoignent d'une grande activité cérébrale, comme pendant les processus créatifs ou les résolutions de problèmes difficiles.

activité avant de mourir : «*The last hurrah of the brain*», ironisa le chercheur Jason Braithwaite de l'université de Birmingham. Contrairement à certaines assertions, cette expérimentation ne permet pas de prouver que les EMP sont des hallucinations produites par un cerveau agonique qui devient temporairement hyperactif avant de mourir. Et ce pour plusieurs raisons. Tout d'abord, le cerveau des rats ne se comporte pas comme celui des humains, puisqu'on n'a à ce jour jamais été en mesure de retrouver chez l'homme la présence d'ondes gamma dans les mêmes circonstances. Ensuite, aucune corrélation ne peut être faite entre l'existence de ces ondes et une activité d'«hyperconscience» chez le rat. Enfin, et peut-être surtout, personne n'a pu interroger les rats à la fin de l'expérience pour savoir s'ils avaient vécu une expérience particulière de sortie de corps ou s'ils avaient rencontré Dieu. Et même si les rats avaient pu parler, ils n'auraient de toute façon rien pu raconter de leur singulière aventure puisque Jimo Borjigin les avait tous tués !

3

Il suffit d'observer et d'interroger pour comprendre

Voir annexe 1, page 221.

Pour un observateur, une personne est déclarée inconsciente lorsqu'elle semble avoir toutes ses perceptions sensorielles éteintes. Elle ne bouge plus et ses yeux sont fermés. Le cerveau a dans ces conditions une activité électrique corticale réduite ou nulle, et l'EEG affiche des valeurs moyennes inférieures à 10 hertz ou carrément à zéro dans le cas d'un arrêt cardiaque qui dure plus de vingt secondes. Il faut savoir que, lorsque nous sommes à l'état de veille, notre CAC est active et l'EEG est supérieur ou égal à 21 hertz.

Nous retrouvons cet état d'apparente inconscience dans quatre situations :

— lors du sommeil physiologique,
— lors des comas,
— lors des anesthésies générales,
— lors des arrêts cardiaques.

Or, si on interroge les personnes qui se sont trouvées dans ces quatre cas de figure, on s'aperçoit que bon nombre d'entre elles gardent des souvenirs d'un vécu particulier :

— 35 % des personnes endormies ont des histoires oniriques à raconter,
— 4 % des comateux disent avoir vu des scènes particulières se déroulant à proximité ou à distance de leur corps,
— 2 % des patients anesthésiés ont ces mêmes expériences en mémoire,
— 15 % des sujets en arrêt cardiaque ont connu une EMP.

On peut donc en conclure que, pour la minorité des individus exprimée dans ces pourcentages, l'inconscience n'est qu'apparente. Ils ont de toute évidence reçu des informations et ont été en mesure de les mémoriser. Deux questions se posent alors : d'où viennent ces informations qui deviennent des récits qui sont le plus souvent fantastiques, et pourquoi n'obtient-on pas des souvenirs chez toutes les personnes interrogées ?

Provenance des informations reçues pendant les rêves

Les rêves prémonitoires

On peut penser que les informations données par un rêve sont une résurgence de souvenirs initialement stockés dans le cerveau. Les situations, les personnages rencontrés dans les vécus oniriques sont dans ce cas le plus souvent connus, mais se placent dans un récit surprenant ou inattendu, qui peut correspondre à des sentiments plus ou moins refoulés et qui guidera les psychothérapies. La psychanalyse freudienne analyse les rêves des patients pour décrypter les messages de l'inconscient.

En revanche, certaines informations oniriques ne peuvent se contenter de cette explication. En effet, quand le message contenu dans le rêve concerne le futur, cette théorie s'effondre. Les rêves prémonitoires concernent des événements qui ne se sont pas encore produits, mais qui finissent par réellement survenir. Ce concept va non seulement à l'encontre de tout ce que nous savons sur le temps et la relativité, mais aussi sur la manière dont nous recevons les informations pendant notre sommeil. Effectivement, si le temps s'écoule de façon linéaire – passé, présent, futur – et que toutes les données d'un rêve sont initialement et exclusivement contenues dans le cerveau, alors les rêves prémonitoires sont tout simplement impossibles ! Et on ne peut évoquer dans ce cas la « logique inconsciente du cerveau », comme le suggèrent certains auteurs qui pensent qu'en extrapolant différents scénarios potentiels de futur, nos petits neurones sélectionneraient la meilleure probabilité. En effet, la précision de certains rêves prémonitoires exclut cette hypothèse. Par exemple, Fred, l'auteur de la bande dessinée *Les Aventures de Philoménon*, raconte qu'après avoir laissé sa voiture accidentée chez le garagiste, il rêva le soir même que le montant de sa facture s'élevait à 1 511,22 €. Étonné d'avoir obtenu un détail aussi précis, il en parla à sa femme dès le lendemain matin. Deux semaines plus tard, il trouva la fameuse facture postée par le garagiste. Et son montant était de 1 511,22 € !

Carl Jung, l'un des pères de la psychologie, a posé l'existence d'un principe qu'il a nommé « synchronicité », afin d'expliquer certaines coïncidences troublantes. Le point de départ de sa réflexion fut d'ailleurs le rêve prémonitoire d'une de ses patientes. Elle lui raconta le rêve qu'elle avait fait la nuit précédente, et qui mettait en scène un scarabée d'or. Or, quelques instants après son récit, un coléoptère doré vint « frapper » à sa fenêtre.

Dans le cadre de ces « coïncidences signifiantes », les rêves prémonitoires pourraient donc trouver leur place et devenir des synchronicités. Mais cette théorie ne fait que déplacer l'énigme car, dans ce cas, d'où viendraient les informations qui constituent les synchronicités ?

Le Dr Stanley Krippner, qui est professeur de psychologie à l'université Saybrook, travaille depuis quarante ans sur les rêves prémonitoires. Les expérimentations qu'il a menées avec des volontaires qui acceptaient d'être réveillés plusieurs fois par nuit pour raconter leurs rêves, afin qu'ils soient confrontés à leurs événements futurs, sont à ce jour les études scientifiques les plus poussées sur ce sujet. Bien qu'il ne puisse en expliquer le fonctionnement, ce chercheur a validé la réalité des prémonitions reçues dans les rêves.

Les rêves inspirants

Les rêves ne font pas que donner des informations relatives à notre futur, ils peuvent aussi être la source d'inspirations artistiques, ou nous offrir les solutions que nous cherchions aux problèmes avant de nous endormir. Haendel, Mozart, Brahms, Stravinsky, Ravel ou encore Chopin avouaient s'inspirer régulièrement de leurs rêves musicaux. La célèbre chanson *Let it Be* des Beatles est restée longtemps numéro un des ventes aux États-Unis, et elle est actuellement classée en bonne place sur la liste des meilleures chansons de tous les temps du magazine musical *Rolling Stone*. Son auteur, Paul McCartney, a déclaré que ce tube planétaire lui avait été inspiré par un rêve où sa mère lui était apparue. La maman de Paul, décédée à la suite d'un cancer alors qu'il n'avait que 14 ans, lui aurait soufflé les paroles et la musique. Idem pour Keith Richards, qui a « entendu » la mélodie de *Satisfaction* dans un rêve avant de la reproduire sur sa guitare. Bon nombre de peintres, d'écrivains ou de sculpteurs de génie ont trouvé leur source d'inspiration dans leurs rêves et ne s'en sont pas cachés.

Einstein eut une révélation fondamentale sur la relativité pendant qu'il dormait. Larry Page, le cofondateur de Google, trouva son idée révolutionnaire de moteur de recherche au cours de son sommeil, à l'âge de 23 ans. Il est aujourd'hui, grâce à cette information nocturne, un des hommes les plus riches du monde. Elias Howe, l'inventeur de la machine à coudre, rêva d'une pointe percée traversée par des lanières avant de réaliser l'œuvre de sa vie. Plus étonnant encore, René Descartes, le père du rationalisme moderne, affirma avoir trouvé son inspiration dans un rêve, consigné dans un document rédigé de sa main : une injonction claire et nette à dédier sa vie à la recherche de la vérité scientifique !

« Le génie d'invention se fait une route là où personne n'a marché avant lui », a écrit Voltaire. Mais qui désigne la route ? Pourquoi certains la cherchent-ils toute leur vie sans jamais la trouver alors que d'autres la rencontrent en dormant ? L'inspiration d'une création donnée peut arriver simultanément à deux personnes éloignées et qui sont l'une pour l'autre de parfaites inconnues. Par exemple, l'invention du phonographe fut réalisée en 1877, par Thomas Edison en Amérique et par Charles Cros en France ; le télégraphe électrique en 1839 par Wheatstone en Grande-Bretagne et par Morse aux États-Unis. Plus près de nous, en 1974, grâce à un accélérateur de particules de sa conception, le professeur Burton Richter, de l'université de Stanford, située à l'ouest des États-Unis, détecta une nouvelle particule qu'il nomma « PSI ». Au même moment, sur la Côte ouest de ce même pays, Samuel Ting découvrit cette même particule, qu'il baptisa « J ». Aucun des deux chercheurs n'avait connaissance des travaux de l'autre. Le prix Nobel de physique leur fut attribué conjointement en 1976 pour cette même prouesse.

Les rêves médiumniques

Quand une personne rêve à un défunt, on peut facilement penser que c'est son inconscient refoulé qui parle ; Freud ne nous contredirait pas sur ce point. Pour Jung, cela symboliserait une rupture du rêveur avec son passé. Pour faire rapide, on peut dire que l'interprétation « médicale » de ce genre de rêves se résume à un processus classique de travail de deuil.

Certains rêves médiumniques échappent pourtant à cette analyse. J'ai sélectionné cet extrait de courrier d'une de mes lectrices, qui démontre qu'un défunt peut apparaître dans un rêve sans que cela relève d'un « processus classique de travail de deuil » :

> « Je suis ingénieur en informatique et donc très rationnelle dans mes analyses. Je vous confie une expérience que j'ai vécue une nuit et que je ne parviens pas à m'expliquer. Peut-être que mon témoignage vous aidera dans vos recherches, bien que ce ne soit pas une expérience aux frontières de la mort. Il y a cinq ans, j'ai vécu une sorte de rêve

éveillé au beau milieu de la nuit. Mon ami s'est présenté au pied de mon lit. L'écran lumineux de ma montre indiquait 4 h 10. Mon ami m'a souri et a disparu. Je pense que j'étais dans le rêve, mais c'était comme si j'étais complètement réveillée puisque j'ai pu contrôler l'heure de ma montre-réveil. Tout cela a duré quelques secondes, tout au plus. Le lendemain matin, on est venu m'annoncer le décès de mon ami, mort dans un accident de la route à peu près à la même heure qu'il m'est apparu dans mon rêve. Il était en parfaite santé, et je ne savais même pas qu'il était en déplacement cette nuit-là…

Mme G. F. Nantes »

On comprend que ce témoignage exclut d'emblée l'explication ordinairement servie par la majorité des médecins. Dans ce cas, il n'y avait bien sûr aucun travail de deuil à faire puisque la rêveuse en question ne savait même pas que son ami qu'elle pensait « en parfaite santé » était en fait décédé !

Le concept de CIE pour identifier la provenance des informations reçues pendant les rêves

Lors du sommeil physiologique, la CAC, qui est mise au repos, lève son inhibition sur la CIE. Cette dernière est reliée aux informations universelles, qui sont indépendantes de l'écoulement linéaire de notre temps terrestre (passé/ présent/futur). Ayant accès aux informations du futur, elle peut produire des rêves prémonitoires, mais aussi donner des renseignements sur des événements actuels ou passés.

Ce « nuage » d'informations universelles qui contient l'intégralité des données délivre des messages qui sont captés par la CIE de certaines personnes. Ce qui explique que des artistes ou des chercheurs produisent simultanément, sans se concerter, les mêmes œuvres ou les mêmes découvertes à différents endroits de notre planète. Il n'y aura donc eu dans ce cas aucun plagiat, ni aucune fraude de la part de ces personnes. Elles auront tout simplement puisé leur inspiration en étant connectées à la même source.

La CIE est immortelle. Celle des défunts peut entrer en communication avec celles de personnes endormies pour produire des rêves médiumniques.

Provenance des informations reçues pendant les comas, les anesthésies générales ou les arrêts cardiaques

Certains patients qui se trouvent dans ces situations disent être sortis de leur corps et avoir assisté à leur anesthésie ou à leur réanimation (comme pour l'histoire du patient de l'étude du Dr Sam Parnia précédemment décrite). Les témoignages sont si nombreux que des protocoles ont été mis en place pour vérifier les dires de celles et ceux qui, l'espace d'un instant, ont reçu des informations impossibles à recueillir en étant totalement inconscient. Il semblerait que, dans ces conditions, les capacités de délocalisation de la conscience ne soient pas limitées à la salle de réanimation, au bloc opératoire ou à la pièce où repose le corps inanimé. Le déplacement n'aurait en fait aucune limite géographique. Pour illustrer cela, voici quelques exemples inédits que j'ai sélectionnés.

Pendant les comas

Isabelle est aujourd'hui professeur des écoles dans un petit village du sud-ouest de la France. Il y a une vingtaine d'années de cela, un grave accident de la route l'a plongée dans un coma profond qui a duré plusieurs semaines. Voici quelques extraits de son témoignage :

> « Je me suis vue du dessus. J'étais à environ un mètre cinquante de hauteur. Mon corps était allongé et inerte sur un lit d'hôpital. J'avais des perfusions aux bras et au cou. Un tube transparent sortait de mon nez. C'est par ce tube que l'air d'une grosse machine me remplissait les poumons. Ma peau était

très pâle, et je me suis demandé si j'étais déjà morte ou encore vivante. […] J'ai pensé à ma petite fille qui était en route pour l'Espagne dans le camping-car de mes beaux-parents. Ils n'étaient pas au courant de mon accident. Je voulais les avertir. Et ce qui s'est passé à ce moment-là dépasse toute logique. Je me suis tout de suite retrouvée face à eux. Ma petite fille était assise entre mon beau-père, qui conduisait, et ma belle-mère, qui lisait un magazine. C'était très étrange, car j'étais devant le grand pare-brise panoramique du camping-car, et donc à l'extérieur, mais je ne ressentais aucun déplacement d'air secondaire à la vitesse du véhicule, qui roulait pourtant à une bonne allure. J'étais dehors, mais aussi dedans, puisque j'entendais la conversation de ma fille avec sa mamie. Ma fille disait qu'elle avait mal au ventre et qu'elle voulait s'arrêter. Son papy lui demanda de patienter un peu car il allait bientôt s'arrêter à une station Total pour faire un plein d'essence. Dès qu'ils s'arrêtèrent à la station, ma fille n'eut pas le temps d'arriver aux toilettes et se mit à vomir tout son petit déjeuner devant les pompes à essence. J'ai appris plus tard que ce que j'avais vu lors de ma sortie de corps était bien réel. Pendant que j'étais dans le coma, ma fille avait bien vomi son petit déjeuner devant les postes à essence d'une station Total sans avoir laissé le temps à sa mamie de l'emmener aux toilettes. »

Pendant les anesthésies générales

Dans un de mes ouvrages précédents, j'évoque le cas d'un patient qui m'a raconté sa sortie de corps faite pendant une anesthésie générale pratiquée par mes soins. Cet opéré a pu non seulement décrire sa propre chirurgie, mais également, avec force détails, une séance d'amputation de jambe qui s'est déroulée au même moment dans un bloc opératoire voisin. Il faut préciser que ce sympathique malade ne m'a jamais posé le moindre problème médical au cours de son intervention. Il n'était donc pas question ici d'EMP ou d'EMI. Interpellée par la lecture de cette surprenante anecdote, une de mes amis Facebook m'a envoyé son témoignage en message privé :

« Le récit du monsieur que vous avez anesthésié et qui a pu voyager dans un autre bloc opératoire pour voir une amputation ne m'a pas surprise, puisque j'ai connu moi aussi cette possibilité pendant mon anesthésie générale. On m'a opérée d'un kyste au sein qui n'était pas un cancer. Je suis sortie de mon corps dès le début de l'opération. J'ai tout bien vu, et même tous les objets en métal dont se servent les chirurgiens. Je n'étais pas inquiète. Ce qui est étonnant, car je suis d'habitude inquiète pour un oui ou pour un non. Je me suis envolée plus haut et j'ai traversé le plafond pour me trouver dans une autre salle où il y avait un accouchement avec une ouverture par le ventre. Mais la femme n'était pas endormie complètement et elle pouvait donc parler avec le chirurgien. Le chirurgien lui a demandé comment elle voulait appeler l'enfant qui venait de naître, et elle lui a répondu : Esclarmonde. C'est un nom pas très courant, et c'était la première fois que je l'entendais. Alors je l'ai facilement retenu. Quand je me suis réveillée, j'ai tout de suite demandé s'il y avait eu la naissance d'un enfant qui s'appelait Esclarmonde en même temps que mon opération du sein. J'ai demandé à plusieurs infirmières, mais tout le monde s'en moquait et aucune ne me répondait. Elles me disaient de me reposer et de rester tranquille. Une, qui était plus gentille et plus dégourdie que les autres, a téléphoné pour se renseigner. Elle m'a dit qu'il y avait bien eu la naissance d'une Esclarmonde par césarienne au moment même où on m'opérait. Puisque j'avais traversé le plafond pour voir ça, je me doutais que son opération s'était passée à l'étage du dessus. Elle m'a bien confirmé que les blocs de maternité étaient au-dessus de celui où j'avais été opérée. Je ne lui ai pas dit pourquoi je demandais ça. Je n'en parle à personne sauf à vous, car je sais que vous acceptez cette possibilité. Je ne veux pas passer pour une folle. Je suis certaine que nous sommes plus nombreux que l'on pense à être sortis du corps pendant les anesthésies, mais les gens n'osent pas le dire. Ils ont peur de passer pour des fous en racontant cela. Ils ont bien raison. La seule personne à qui j'ai parlé de ça m'a carrément ri au nez en m'écoutant. »

Pendant les arrêts cardiaques

Voici encore un témoignage inédit. Son originalité vient du fait qu'il est écrit par un médecin. À ce propos, je signale aux lecteurs que, contrairement aux idées reçues, il y a pas mal de personnes ouvertes au monde spirituel dans notre corporation. Les courriers que je reçois pour m'encourager à poursuivre mon travail dans ce domaine me le prouvent régulièrement.

« Cher confrère et ami, permettez-moi d'employer le mot "ami", car depuis le temps que je vous lis et apprécie l'homme que vous êtes j'ai l'impression de bien vous connaître. Je suis chirurgien digestif et j'exerce cette spécialité depuis plus de trente ans. En 2010, je me suis fait opérer d'un canal carpien[1] sous bloc axillaire[2]. Quand mon ami anesthésiste m'a fait son bloc, je lui ai fait la frayeur de sa vie. Une réaction

---

1. Opération du poignet visant à libérer certaines compressions nerveuses de la main.

2. Anesthésie locorégionale par injection de produits anesthésiques dans le creux axillaire (sous le bras).

vagale[3] a induit une bradycardie extrême. Après une première injection d'adrénaline, mon cœur est parti en TV[4] puis en fibrillation[5]. Le temps qu'ils amènent le défibrillateur pour me choquer, mon ami massait mon cœur. Ses coups de poing sternaux[6] restant sans effet, il me fallait un choc électrique en extrême urgence. Quand ils amenèrent le défibrillateur à mon ami, une autre mauvaise surprise l'attendait puisqu'il était déchargé et ne pouvait pas fonctionner. J'ai suivi l'infirmière qui courait dans les couloirs de l'hôpital pour chercher un autre défibrillateur. J'étais tantôt au-dessus d'elle ou alors devant ou sur ses côtés, mais elle ne me voyait pas. À un moment donné, je me souviens parfaitement l'avoir traversée comme si j'étais devenu transparent. Elle a ensuite ramené le bon défibrillateur et le premier choc m'a sauvé. Tout ce que j'ai vu pendant ma sortie de corps était réel, car, comme vous pouvez vous en douter, j'ai

---

3. Réflexe secondaire à une douleur ou à une émotion forte induisant un ralentissement important des battements cardiaques.

4. Tachycardie ventriculaire : accélération extrême des battements cardiaques.

5. Contraction désordonnée et rapide du muscle cardiaque entraînant la chute brutale de son débit sanguin équivalant à un arrêt cardiaque. Encore appelée « FV » ou « fibrillation ventriculaire ».

6. Manœuvre faite pour faire repartir un cœur arrêté.

rapidement vérifié tous les détails que je viens de vous donner pour être certain que je ne les avais pas rêvés. Je n'ai pas souhaité ébruiter l'affaire, car j'exerce dans une petite ville de province et mes patients n'aimeraient certainement pas se faire opérer par un chirurgien qui raconte se transformer en fantôme dès que son cœur s'arrête. Par contre, je vous relate mon histoire pour faire avancer vos admirables recherches. »

Il est difficile de défendre la théorie hallucinatoire du cerveau déréglé pour expliquer toutes ces sensations de sortie de corps. Et cela devient tout simplement impossible si on vérifie que les perceptions décrites à ce moment-là étaient bien réelles. Malgré tous ces témoignages, les matérialistes persistent à nier l'évidence et préfèrent penser qu'ils sont faux ou mensongers. À moins qu'ils soient eux-mêmes confrontés à cette réalité qui les dépasse, comme ce fut le cas dans l'histoire qui va suivre.

Lors d'un colloque international sur les EMI organisé à Marseille en mars 2013, je fis la connaissance d'Eben Alexander, dont l'étonnante histoire avait récemment enflammé les passionnés des NDE. Ce professeur de neurochirurgie à Harvard, né à Charlotte en 1953, était jusqu'en 2008 un scientifique résolument matérialiste. Il enseignait à ses élèves que les EMP ne pouvaient être que des hallucinations produites par un cerveau agonique. Jusqu'au jour où le hasard lui fit vivre la fameuse expérience en métamorphosant le mandarin en un des défenseurs les plus acharnés de la survivance de l'esprit. Le titre de son livre, *Proof of Heaven*[7], resté sur la liste des best-sellers du *New York Times* pendant 97 semaines, montre à quel point un événement personnel peut changer du tout au tout une conception solidement ancrée. La méchante bestiole qui manqua tuer le brillant professeur était une bactérie appelée Escherichia coli. Ces minuscules organismes vivent normalement de façon pacifiste et paisible dans le tube digestif de chacun d'entre nous. Oui mais voilà, en 2008, l'une d'entre elles décida de quitter le tube digestif du neurochirurgien pour traverser une barrière hémato-méningée réputée infranchissable. Une fois confortablement installée dans l'une des circonvolutions du cerveau, l'intruse voulut fêter ça en se reproduisant à des millions d'exemplaires pour tout détruire. La redoutable méningo-encéphalite qui résulte de cette invasion sauvage n'offre en théorie que 2 % de chances de survie, dans le meilleur des cas. Mais, contre toute attente, Eben s'en sortit miraculeusement indemne.

---

7. Alexander E., *La Preuve du Paradis*, Guy Trédaniel éd., 2013.

Il fit, lors de son coma prolongé de plusieurs jours, une EMP hors du commun. Après avoir voyagé dans «le monde du ver de terre», il s'envola sur les ailes d'un papillon géant pour faire une incursion dans l'au-delà en compagnie d'une jeune femme «au visage souriant et charmant». Après une convalescence somme toute rapide, compte tenu de la gravité du diagnostic, il récupéra sans aucune séquelle toutes ses facultés motrices et mentales. Dès son réveil, il sut que ce qu'il avait vécu dans l'autre monde n'était ni un rêve ni une hallucination. Il en reçut la confirmation deux mois plus tard en reconnaissant sur une photo le «visage souriant et charmant» de la femme qui l'avait accompagné dans son épopée; celui-ci n'était autre que l'image de sa sœur biologique, déjà décédée depuis fort longtemps au moment de son coma. Il ne pouvait avoir vu ce cliché avant puisqu'il n'a retrouvé ses parents biologiques qu'après sa convalescence! La mémorisation de cette sœur cachée, dont il ignorait l'existence, n'était donc pas stockée dans son cerveau malade. La preuve est là, solide et incontestable: dans ces conditions, les EMP ne pourraient être produites par les bouffées délirantes de neurones en souffrance. Pour Raymond Moody, qui étudie le phénomène depuis un demi-siècle, l'expérience d'Eben Alexander est la plus fascinante qui lui ait été donnée à étudier depuis le début de sa carrière ! Celui que l'on surnomme affectueusement le « pape des NDE » nous révéla lors de ce colloque que, depuis la connaissance de l'aventure du professeur Alexander, il n'était plus sceptique sur l'existence d'une vie après la vie. Un sceptique, nous dit-il, est celui qui ne tire aucune conclusion sur un sujet donné, et, désormais, compte tenu de toutes les recherches faites durant toutes ces années, il était en mesure de nous dire et de conclure qu'il y a bien une vie après la mort !

L'entretien que j'ai eu ce jour-là avec ces deux hommes exceptionnels fut trop bref, mais suffisamment intense pour qu'ils me fassent l'honneur de me désigner comme le préfacier de l'ouvrage[8] qu'ils ont écrit à quatre mains à la suite de cette rencontre.

---

8. Alexander E., Moody R., *L'Évidence de l'après-vie*, Guy Trédaniel éd., 2014.

Le concept de CIE pour identifier la provenance des informations reçues pendant les comas, les anesthésies générales ou les arrêts cardiaques

La CIE est une source d'informations personnelles qui est immatérielle

La CIE n'est donc pas située dans une partie du corps physique : le cerveau droit ou le cœur, comme certains le prétendent encore. L'intuition pas plus que l'« esprit » ne naissent dans la matière. Et on s'en aperçoit aisément en lisant les trois témoignages précédents :

> « J'étais devant le grand pare-brise panoramique du camping-car, et donc à l'extérieur, mais je ne ressentais aucun déplacement d'air secondaire à la vitesse du véhicule, qui roulait pourtant à une bonne allure. »

> « Je me suis envolée plus haut et j'ai traversé le plafond pour me trouver dans une autre salle où il y avait un accouchement... »

> « J'ai suivi l'infirmière qui courait dans les couloirs de l'hôpital pour chercher un autre défibrillateur. J'étais tantôt au-dessus d'elle ou alors devant ou sur ses côtés, mais elle ne me voyait pas. À un moment donné, je me souviens parfaitement l'avoir traversée comme si j'étais devenu transparent. »

La CIE n'a aucune localisation géographique ou temporelle

Cette notion est difficile à admettre, car, dans notre monde matériel, le principe de « non-localité » est impossible à observer. Dès que l'on observe une parcelle de matière, aussi petite soit-elle, elle est nécessairement visible quelque part. Pour la majorité des personnes qui croient à une vie après la mort et en un au-delà, l'esprit du défunt existe forcément à un endroit donné ; il est « au ciel », « sous terre en enfer » ou « au paradis dans un autre monde ». Or, les *expérienceurs* se déplacent aussi bien dans le temps que dans l'espace. On le voit dans les trois témoignages précédents : l'institutrice se trouve instantanément projetée à plusieurs kilomètres, auprès de ses beaux-parents qui sont en route pour l'Espagne, et parvient tout aussi facilement à stabiliser sa vitesse de déplacement par rapport à celle du camping-car pour observer longuement la scène qui se déroule dans la cabine. L'opérée du sein se balade dans une salle située au-dessus de son corps physique et le chirurgien poursuit dans les couloirs de l'hôpital l'infirmière qui cherche le deuxième défibrillateur.

Il existe d'autre part de nombreux récits d'expérienceurs qui revoient défiler toute leur vie en accéléré

– *rétro-cognition* – ou au contraire leurs vécus futurs – *précognition* –, devenant ainsi les «voyants» de leur propre vie.

La CIE est par conséquent indépendante de l'écoulement linéaire du temps. Là aussi, nous avons bien du mal à accepter cette notion, car tous les repères de notre existence terrestre sont reliés au présent que nous vivons, au passé que nous avons vécu ou au futur que nous vivrons peut-être.

La CIE inhibée par la CAC

Pour que cette CIE s'exprime, il faut donc faire taire le bruit assourdissant de notre CAC, qui analyse les éléments en observant leur localisation matérielle dans l'espace et dans le temps. Plus cette CAC sera inhibée, et plus notre CIE pourra s'exprimer. Les expériences de CIE les plus fortes se déroulent pendant les arrêts cardiaques, c'est-à-dire au moment où l'activité neuronale (et donc la CAC) est nulle ou voisine de zéro. En période de sommeil physiologique ou de coma, nous savons que l'EEG se ralentit mais n'est jamais plat.

Pourquoi n'obtient-on pas des souvenirs
chez toutes les personnes interrogées ?

S'il suffisait de ralentir ou d'annuler son activité cérébrale pour être connecté à sa CIE, on ne devrait pas avoir
qu'une simple minorité de personnes concernées par ces
expériences : 35 % pendant le sommeil, 5 % pendant les
comas, 2 % pendant les anesthésies générales et 18 %
pendant les arrêts cardiaques. Tout le monde devrait
avoir ce genre de vécu. Alors pourquoi pas 100 % ?

Le concept de CIE pour expliquer pourquoi
on n'obtient pas des témoignages d'expériences
transcendantes chez toutes les personnes interrogées

La CAC se développe au cours de nos apprentissages.
Cette capacité d'analyser les choses en fonction d'un
enseignement spécifique est d'autant plus présente que les
instructions délivrées auront été abondantes et données
sur une longue période. Le cerveau les aura emmagasi-
nées et assimilées en créant une série d'automatismes
inconscients. Ces automatismes rejetteront toutes les
informations non conformes aux apprentissages. Par
exemple, quand on apprend à conduire, on doit réfléchir
à la façon de débrayer pour passer les vitesses avant

d'accélérer ou de freiner. Une fois que la technique est acquise, nul besoin de se concentrer pour savoir ce que l'on doit faire ; le cerveau a intégré la meilleure façon de gérer la conduite. Si un obstacle se présente, les bons réflexes seront là pour s'adapter au mieux à la situation. Et ces réflexes acquis deviendront prioritaires devant n'importe quelle autre instruction envoyée au cerveau. En cas de freinage d'urgence, vous freinerez toujours, même si votre passager hurle à vos oreilles qu'il vous faut absolument accélérer. Le cerveau fonctionne de manière identique pour tous les dogmes et les croyances enseignés. Si vous avez appris pendant de longues années que l'au-delà n'existait pas, que l'existence d'une vie après la mort était un mensonge et que les perceptions médiumniques étaient impossibles, votre CAC ignorera inconsciemment toutes les informations qui tendent à prouver le contraire. Votre conscience intuitive extra-neuronale deviendra inaccessible, et aucun souvenir qui s'y rapporte ne sera possible.

En réalité, 100 % des personnes qui dorment, qui sont anesthésiées, qui sont dans le coma ou qui sont victimes d'un arrêt cardiaque sont en relation avec leur CIE. Mais seul un petit pourcentage d'individus garde un souvenir de cette expérience hors du commun. La

CAC a censuré et éliminé tous ces vécus. Les enfants ont une CAC moins développée que les adultes. Les perceptions médiumniques – beaucoup jouent avec des «amis invisibles» – et les souvenirs de vies antérieures sont chez eux très fréquents. C'est aussi pour cette raison que l'on retrouve dans cette population une majorité d'expérienceurs, puisque 65 % d'enfants ont un récit d'EMP à faire après un arrêt cardiaque[9]. Nous sommes bien loin des 18 % d'adultes !

9. Morse M., *Des Enfants dans la lumière de l'au-delà*, éd. Robert Laffont, 1992.

4

La conscience analytique cérébrale (CAC)

Voir annexe 2, page 222.

La conscience analytique cérébrale reçoit des informations sensorielles issues de nos 5 sens : la vision, l'odorat, l'audition, le goût et le toucher. Si l'un de ces 5 sens devient déficient, les autres assurent une suppléance avantageuse pour pallier la carence des informations reçues. Par exemple, il est bien connu que les personnes devenant aveugles développent leur toucher.

La CAC trie et traite toutes les informations sensorielles reçues en se référant à celles qui sont déjà stockées.

Elle n'intègre que les éléments qui correspondent à une logique mise en place par un apprentissage, par un dogme assimilé ou par une croyance authentique. Elle rejettera les autres sans les assimiler. Les informations ainsi exclues ne seront ni perceptibles, ni mémorisées.

Il est possible de démontrer le rejet et l'exclusion d'éléments réels de la CAC lorsque ceux-ci ne sont pas reconnus par elle. Voici quelques exemples probants.

Si vous lisez cette phrase en vous concentrant sur son sens : « La conscience est un grand mystère pour l'humanité », votre CAC va l'enregistrer après l'avoir analysée. Elle la mémorisera, car elle n'entre pas en contradiction avec ce que nous savons au sujet de la conscience. Si bien que si vous êtes confronté à l'alignement de lettres suivant : « La cencsoicne est un gnard msy[è]rte puor l'hnuamtié », votre CAC va immédiatement remettre les lettres en ordre en recréant le texte connu. Elle ne donnera pas la lecture réelle de ce qui est écrit, mais préférera lui attribuer un sens qui n'est pas à l'encontre de sa logique. Et, une fois cette gymnastique acquise, il deviendra possible de lire n'importe quel texte de cette façon. La preuve : « Et, une fois cttee gquatnismye ausciqe, il dvieendra plsosibe de lire n'ipomtre quel txtee de cette façon. »

Cela pourra même se réaliser sans avoir préalablement lu la phrase modèle, car la CAC aura été entraînée à cette reconnaissance : «Les mstétieraials sont des craontys car luer cticnvoion ne roespe sur ancuue prueve tlainbge[1]. »

Par contre, la phrase suivante : «La fraige mgeana un rpoblmie eetatrsrtrerxe qui rluoe un pqreerout» pourra difficilement être décryptée par la CAC, car le texte est dénué de sens. Effectivement, personne ne connaît une histoire où il est question d'une girafe mangeant un plombier extraterrestre qui roule un perroquet !

Si la CAC peut remettre dans l'ordre les lettres d'une phrase pour la rendre compréhensible, elle peut aussi en éliminer.

IL

VA

À LA

LA PLAGE

Si vous lisez rapidement cette phrase, neuf fois sur dix, votre CAC vous fera éluder un «LA».

---

1. Pour ceux qui n'auraient pas lu : «Les matérialistes sont des croyants car leur conviction ne repose sur aucune preuve tangible. »

La vie après la mort, le contact avec les esprits, la médiumnité, la télépathie, la sortie de corps et tous les phénomènes qui s'y rapportent seront éludés par la CAC avec autant de facilité que le « LA » de cette phrase.

La CAC nous localise. Les informations sensorielles basiques permettent de lui offrir toutes les données nécessaires pour se repérer dans le temps et dans l'espace en fonction des éléments déjà mémorisés.

Le fonctionnement de la CAC résulte d'échanges biochimiques complexes entre les différents neurones organisés en réseaux. Ces arcs réflexes, qui sont modulables en fonction des vécus, ont la capacité de s'adapter aux diverses situations rencontrées. Si un de ces réseaux vient à faire défaut, d'autres se créent et prennent le relais pour traiter et mémoriser au mieux les informations. Cette substitution porte le nom de plasticité neuronale. Cette étonnante adaptation s'observe notamment dans les accidents vasculaires cérébraux (ou AVC), qui sont responsables de destructions cellulaires transitoires ou irréversibles. Lorsque des zones cérébrales ne reçoivent plus d'oxygène en raison d'un vaisseau sanguin nourricier bouché par un dépôt de cholestérol ou par un spasme de ses parois, des groupes entiers de neurones seront ischémiés, soit de façon transitoire – accident ischémique transitoire

(AIT) –, soit de manière définitive. Et c'est dans le cas de ces accidents définitifs que la plasticité neuronale jouera à plein, en développant ces fameux réseaux de suppléance qui ne sauraient toutefois compenser la totalité des fonctions perdues. Il en est ainsi pour l'atteinte des neurones qui commandent la motricité de nos muscles ; au-delà d'un délai de plusieurs semaines, les paralysies constatées, comme par exemple les hémiplégies, ne pourront plus être corrigées.

Dans d'autres cas, ce sera une maladie dégénérative de toute une région du cerveau qui entraînera de graves déficits. Par exemple, une atteinte des noyaux gris centraux sera responsable du syndrome de Parkinson, tandis qu'une dégénérescence globale provoquera la redoutable maladie d'Alzheimer. Pour cette dernière pathologie citée, la CAC sera progressivement et inexorablement réduite à zéro.

La CAC est donc étroitement dépendante de l'activité des neurones. Cette dernière peut se mesurer, car elle est directement proportionnelle au niveau d'intensité électrique produit, exprimé en hertz (Hz). Cet enregistrement se fait sur le cortex cérébral. On peut donc en conclure que les EEG permettent d'évaluer fidèlement l'activité de la CAC :

Rythme gamma : supérieur à 24 Hz et pouvant atteindre 40 Hz. Cette zone est celle d'une intense activité cérébrale.

Les personnes sont très concentrées ou réfléchissent beaucoup. La CAC fonctionne à plein régime.

Rythme bêta : de 12 à 24 Hz. L'activité cérébrale est soutenue. C'est la zone dans laquelle nous nous situons tout au long de la journée (en dehors des périodes de sieste ou de somnolence). Les personnes réalisent les actes courants de la vie, par automatisme et sans trop réfléchir. La CAC fonctionne, mais au ralenti.

Rythme alpha : de 8 à 12 Hz. L'activité cérébrale est faible. C'est la zone de l'apaisement du repos. Les personnes ont les yeux fermés et sont en période voisine de la somnolence. La CAC ne fonctionne presque plus.

Rythme thêta : de 4,5 à 8 Hz. L'activité cérébrale est très faible. Les personnes sont somnolentes, en période de méditation ou sous hypnose. La CAC est éteinte ou extrêmement ralentie.

Rythme delta : en dessous de 4 Hz. L'activité cérébrale est éteinte. Se voit chez les très jeunes enfants, dans les périodes de sommeil profond, dans les états de mort clinique. La CAC ne fonctionne plus du tout.

En ce qui concerne la période du sommeil physiologique que nous connaissons toutes les nuits, quelques nuances sont à apporter. On peut dire que, globalement, le rythme de l'EEG est lent (rythme Thêta), voire très lent en période de sommeil profond (rythme Delta). La CAC est dans ce cas éteinte ou extrêmement ralentie. Toutefois, il existe des courtes périodes appelées «sommeil paradoxal» où l'activité électrique du cerveau est voisine de celle d'un sujet éveillé : l'EEG s'accélère, les yeux sont animés de secousses musculaires rapides (*Rapid Eyes Movements* ou REM), la tension artérielle, le pouls et la fréquence cardiaque deviennent irréguliers. Il est admis que c'est la période des rêves, mais il s'agit plutôt de la période de traitement et de mémorisation des informations reçues pendant le sommeil lent. Dans le sommeil paradoxal, la CAC est fonctionnelle : elle analyse, mémorise ou bloque les informations du rêve. Le sujet entièrement consacré à cette tâche sera difficile à réveiller. Pour une nuit d'adulte, la durée de sommeil paradoxal est de 20 minutes et se reproduit régulièrement toutes les 90 minutes. Il représente en moyenne 20 % de la durée totale du sommeil. Soit au total environ 1 h 15 pour 7 heures de sommeil réparties en 3 ou 4 périodes de 20 minutes. On voit à quel point la CAC censure les informations reçues pendant les heures d'une nuit normale. En effet, que nous reste-t-il comme souvenir au moment du réveil ? Rien ou pas grand-chose de cette longue durée de perception onirique. Seules 35 % de personnes se souviennent d'une toute petite partie de ce qu'elles ont rêvé pendant la nuit. Et, généralement, ces souvenirs ne portent que sur les dernières secondes qui ont précédé le réveil.

5

La conscience intuitive extraneuronale (CIE)

Voir annexe 3, page 222.

L'idée d'une conscience délocalisée n'est pas nouvelle. Sir John Carew Eccles, qui est né en 1903 à Melbourne et qui est l'un des plus grands neurologues du xxe siècle, en a parlé bien avant moi. Décédé le 2 mai 1997 en Suisse, à Locarno, il fait incontestablement partie de ces hommes qui ont contribué de façon décisive à l'énorme augmentation de nos connaissances concernant le fonctionnement de notre cerveau. Ses travaux les plus importants ont porté sur l'étude des synapses, de l'influx nerveux, et ont débouché sur la découverte des processus chimiques responsables de la propagation de ce dernier. Cette importante découverte lui a valu le prix Nobel de médecine en 1963. Dans un de ses derniers ouvrages publiés, *Évolution du cerveau et création de la conscience. À la recherche de la vraie nature de l'homme*[1], qui est en quelque sorte son testament scientifique et philosophique, il développe une hypothèse révolutionnaire en démontrant que les dernières découvertes neurologiques de l'époque ne s'opposent pas, loin de là, à l'existence d'une conscience indépendante du cerveau. La physique quantique, précise-t-il, nous démontre que de telles influences entre le cerveau et cette conscience délocalisée peuvent exister sans violer les lois connues de la matière et de l'énergie. Cette modélisation de la conscience, écrit-il encore, lui semble être la plus cohérente au vu des connaissances actuelles. À propos de cet ouvrage, Sir Karl Popper, grand épistémologue et philosophe des sciences, écrira : «Je considère ce livre comme unique. [...] Une synthèse détaillée qui n'avait jamais été réalisée par personne auparavant.» De John Eccles enfin, cette

---

1. Eccles J. C., *Évolution du cerveau et création de la conscience. À la recherche de la vraie nature de l'homme,* éd. Fayard, 1992.

phrase qui résume son énorme travail et qui en dit long sur sa conception de la conscience : « Le cerveau est une machine qu'un fantôme peut faire marcher[2] » (traduction de : « *Brain is a machine that ghost can operate* »).

Mais ce qui fait l'originalité de ma proposition est non seulement, comme le fait Eccles, de détacher la conscience du cerveau, mais aussi de donner l'origine de son contenu ainsi que la manière dont les informations sont « filtrées » par le cerveau, c'est-à-dire par la CAC.

Provenance des informations de la CIE

Plusieurs sources d'informations stimulent nos CIE : celles données par la CIE des défunts et des vivants, celles offertes par la conscience universelle et par les champs d'information temporo-spatiaux. Enfin, les informations divines[3] peuvent à leur tour solliciter la CIE. Examinons plus en détail ces différents points :

---

2. Eccles J. C., Robinson D. N., *The Wonder of Being Human : Our Brain and Our Mind*, 1984, Free Press, p. 54.

3. Nous verrons plus loin que ce qualificatif de « divin » n'a ici aucune connotation religieuse.

La CIE des défunts

Au moment de la mort du corps terrestre, la CIE se trouve dégagée de la matière. Elle ne subit donc plus les limitations imposées par la CAC, qui, elle, est totalement détruite une fois le décès déclaré. Cette « expansion » de conscience connue momentanément par les expérienceurs permet d'acquérir des performances exceptionnelles :

— vision à distance ;
— déplacements dans le temps et dans l'espace ;
— relations télépathiques avec l'ensemble des sources d'information ;
— possibilité d'influencer des champs électriques : ampoules qui s'éteignent ou qui s'allument ;
— possibilités d'influencer des supports électromagnétiques : téléphones, fax, ordinateurs, radios, écrans de télévision ;
— possibilité d'influencer la matière : déplacements d'objets.

La CIE des vivants

La CIE des personnes vivantes est dans tous les cas limitée par la CAC. Toutefois, dans certaines conditions, des sujets particulièrement doués ont la capacité d'avoir accès aux performances exceptionnelles précédemment décrites en libérant leur CIE.

Le champ de conscience universel

Le champ de conscience universel contient l'ensemble des informations de l'Univers. De nombreux récits d'expérienceurs évoquent une omniscience quand ils étaient dans la lumière de leur EMP. Jean Morzelle[4], qui a vécu une de ces fantastiques expériences pendant une opération de sauvetage après avoir reçu un coup de fusil accidentel dans le ventre, raconte : « Quand j'étais dans cette lumière d'amour, je savais tout sur tout, mais maintenant que je suis revenu, je ne sais plus rien ou presque, si ce n'est… que je savais tout sur tout. » Cette source infinie d'informations cosmiques est évoquée par de nombreux chercheurs. Ervin Laszlo parle de champ akashique[5] et Rupert Sheldrake de champ morphogénique[6].

---

4. Morzelle J., *Tout commence après*, éd. CLC, 2007.

5. Laszlo E., *Science et champ akashique*, éd. Ariane, 2005.

6. Sheldrake R., *Réenchanter la science – Les dogmes de la science remis en cause par un grand scientifique*, éd. Albin Michel, 2013.

Les informations temporelles

La CIE est dégagée de notre échelle temporelle. Si bien que les informations du passé ou du futur sont aussi facilement accessibles que celles du présent. Les expérienceurs, dans leur fameuse «revue de vie», vivent tous les événements de leur vie, et ce dans les moindres détails – *rétrocognition* –, mais aussi, dans un certain nombre de cas, ceux de leur futur – *précognition*. L'exemple qui suit illustre bien cela.

En 1963, Jean-François Billaudeau se sectionne accidentellement l'artère fémorale alors qu'il exerce son métier de boucher et connaît une EMP. C'est un homme bien ancré sur terre, qui n'a pas pour habitude de raconter des histoires à dormir debout. Au cours de son expérience, il est transporté dans une maison où il observe d'une fenêtre une femme qui marche sur un chemin en tenant un enfant par la main. À ce moment-là de sa vie, il ne connaît ni la maison, ni le chemin, ni les deux promeneurs, qu'il observe avec la plus grande attention du haut du premier étage de l'habitation. Pourtant, à sa grande stupéfaction, il revivra cette scène précise plusieurs années après son geste malheureux qui faillit lui coûter la vie.

Les informations spatiales

La CIE est dégagée de notre échelle spatiale, si bien que les déplacements seront possibles instantanément et sans aucune limite géographique. Là aussi, de nombreux témoignages d'expérienceurs nous le prouvent sans conteste. Par exemple celui de V. G., qui a vécu une EMP lors de son accident de scooter alors qu'il se rendait à son travail :

> « Je voulais dire à l'équipe médicale qui s'occupait de mon corps de me laisser tranquille. J'étais tellement bien que je n'avais pas du tout envie d'être réanimé. Je parlais, mais aucun son ne sortait de ma bouche. J'ai voulu les toucher, mais j'étais transparent, et ma main, que je ne voyais pas, traversait tout ce que je touchais, comme si je n'existais plus. C'était très frustrant. J'ai pensé à mon fils, et je me suis immédiatement trouvé près de lui. Il courait dans une rue très animée d'une grande ville où il y avait des panneaux publicitaires lumineux écrits en anglais. Il tirait une petite valise à roulettes. J'ai appris plus tard qu'au moment de mon accident mon fils Gérard était en déplacement professionnel à New York et qu'il courait, comme je l'avais vu, pour se rendre à un rendez-vous qu'il était sur le point de manquer. En moins de temps qu'il n'en faut pour le dire, ou plutôt pour le penser, j'avais traversé l'Atlantique. »

Et même plus que ça, pourrait-on ajouter, puisque l'accident de V. G. a eu lieu à Perpignan !

Les informations divines

Sans faire de prosélytisme ni être religieux ou franc-maçon, on peut concevoir qu'un « grand architecte » soit à l'origine de notre Univers et influence le cours de nos vies et de nos pensées. Appeler Dieu ce grand architecte est une facilité de langage ; un raccourci facile, qui n'engage en rien sur une religion particulière. Le lecteur s'en rendra compte par lui-même, il est dans cet ouvrage beaucoup plus question de logique que de foi ou de croyance.

« Dieu ne joue pas aux dés. » Cette phrase fut prononcée par Albert Einstein, qui, comme chacun sait, est l'un des plus grands scientifiques de tous les temps. On ne peut que lui donner raison. Comment expliquer les formidables coïncidences ou « heureux hasards » qui régissent nos existences en faisant abstraction d'une « intelligence supérieure » organisant leur genèse ? Oui, comment ? Ne serait-ce que la création de l'Univers, cette explosion incroyable d'énergie produite il y a environ 13,7 milliards d'années. Ce fameux « big bang » qui a si bien tout organisé avec une précision d'horloger. Comment concevoir une horloge sans horloger ?

D'Albert Einstein encore, cette magnifique réflexion : « L'idée que l'ordre et la précision de l'Univers, dans ses aspects innombrables, seraient le résultat d'un hasard aveugle est aussi peu crédible que si, après l'explosion d'une imprimerie, tous les caractères retombaient par terre dans l'ordre du dictionnaire ! » Ce n'est pas un hasard si notre planète est située à 150 millions de kilomètres du Soleil. Quelques milliers de kilomètres de moins, et nous grillerions comme des saucisses sur un barbecue. Quelques kilomètres de plus, et nous gèlerions comme des sorbets au citron ! Pour reprendre l'aphorisme d'Einstein, on peut dire que nous sommes les caractères d'un dictionnaire dont nous ignorons tous la signification profonde.

Les effets produits par la CIE

Toutes les sources d'information produites par la CIE auront des effets perceptibles sur notre plan terrestre. Ils sont détaillés ci-dessous.

Les perceptions médiumniques, les possessions,
la transcommunication instrumentale (TCI)
et les effets sur la matière

La CIE des défunts peut solliciter des personnes
vivantes pour donner des phénomènes médiumniques
ou des possessions.

La médiumnité

Les nombreuses conférences que j'ai données dans
des associations d'aide aux personnes en deuil m'ont
amené à assister à plusieurs centaines de prestations
médiumniques. Ces médiums, particulièrement doués
pour contacter le monde invisible en se produisant en
public, passent en général après le conférencier qui traite
un sujet ayant de près ou de loin un rapport avec la mort :
en l'occurrence, les EMP, pour ce qui me concerne. Bien
qu'étant au début très réservé sur les réalités des contacts
avec l'au-delà que ces hommes et ces femmes prétendaient
établir, au bout de toutes ces années d'observation, je
me dis que la seule attitude logique est de les prendre
en considération. En effet, les signes de reconnaissance
des esprits qu'ils sont en mesure de donner à haute voix
sont tellement précis que les hypothèses de supercherie

ou d'heureuses coïncidences répétées s'effondrent très rapidement. Par exemple, j'ai pu assister à une séance où un médium désigna une personne de l'assistance pour lui dire qu'il voyait l'esprit d'un enfant de 4 à 5 ans au-dessus de l'épaule de la jeune femme ainsi interpellée, et que celui-ci tenait dans ses mains un ours en peluche bleu. La dame, visiblement très émue, lui répondit qu'elle avait effectivement récemment perdu un enfant de cet âge-là et qu'elle avait placé dans son cercueil ce fameux ours en peluche bleu. Devant un tel flux d'informations révélées exactes, il est évident que l'on puisse facilement exclure les lois du hasard ! Et, en ce qui concerne la supercherie, on doit aussi écarter cette explication en comptant le nombre de complices qu'il faudrait payer lors de chaque prestation ! La CIE des défunts est donc en mesure de contacter celle des vivants, qui devront filtrer les informations par leur CAC. Et, si cette dernière le permet, le lien s'établira. Mais ce n'est pas toujours évident. Non seulement la fonction de filtrage de la CAC pourra totalement exclure les messages envoyés par le défunt, mais les différentes analyses qu'elle établira pourront les dénaturer. Un bon médium devra donc avoir une CAC bien particulière, qui recevra les informations données sans les exclure ni les analyser, c'est-à-dire sans les interpréter. Il faudra transmettre les messages *ex abrupto*, tels qu'ils sont reçus. J'ai noté dans mes différentes observations que les messages transmis par les défunts sollicitent la CIE des médiums. La CAC sera alors stimulée en activant toutes les perceptions sensorielles. Les informations perçues seront :

– visuelles : *clairvoyance* ;
– auditives : *clairaudiance* ;
– olfactives : *clairolfactance* ;
– gustatives : *clairgustance* ;
– tactiles : *clairtactance*.

Ces sollicitations seront données par la CIE des défunts pour que la personne concernée par le contact médiumnique puisse les identifier facilement. Ce peut par exemple être un goût de confiture de prune qu'un esprit avait l'habitude de faire de son vivant, ou le parfum d'un tabac blond qu'il avait coutume de fumer. Les impressions tactiles sont plutôt là pour identifier les circonstances de la mort. Par exemple, un médium aura l'impression d'être étranglé si l'esprit qui se manifeste est mort étouffé, ou bien encore d'avoir une violente douleur dans le dos si le défunt a été assassiné en étant poignardé de cette façon.

La plupart des médiums entraînés à faire taire leur CAC pour que leur CIE reçoive des messages de l'au-delà pourront être connectés de manière contrôlée. Ils sauront par conséquent se mettre au service de leurs consultants lors de séances privées ou publiques et « couper le contact » dès la fin de leur prestation. On imagine la situation infernale qui serait vécue si ce contrôle n'était plus possible. Il est probable que bon nombre de schizophrènes enfermés dans nos hôpitaux psychiatriques soient en fait d'excellents médiums inca-pables de mettre l'interrupteur de leur CIE sur la position « off ». Je connais aussi des médiums très réputés qui peuvent recevoir des contacts de disparus au moment où ils s'y attendent le moins.

Geneviève est restée l'épouse de Michel Delpech pendant plus de trente ans, jusqu'au moment où ce chan-teur français mondialement connu est parti de l'autre côté du voile, en janvier 2016, après une éblouissante carrière d'une bonne cinquantaine d'années de tubes devenus intemporels. À l'heure où j'écris ces lignes, l'un de ses plus célèbres succès, intitulé *C'était bien chez Laurette*, est numéro un des ventes de disques en Italie.

Mais Geneviève Delpech n'est pas que la femme qui vivait dans l'ombre de son illustre époux. C'est aussi une médium qui travaille depuis de nombreuses années en collaboration avec la police pour résoudre des enquêtes ou retrouver des cadavres. À la demande insistante du père François Brune, elle est aujourd'hui dans la lumière pour redonner espoir à celles et ceux qui pensaient avoir définitivement perdu un être cher après sa disparition. Le « vilain petit canard de l'Église apostolique et romaine » lui ayant dit, après l'avoir écoutée plusieurs heures dans un petit bistro parisien où ils s'étaient donné rendez-vous : « Vous ne devez pas garder tout ça pour vous, vous devez écrire un livre et en parler ! Je ne préface plus de livres depuis longtemps, mais, quand vous aurez écrit le vôtre, j'en rédigerai la préface ! Vous devez écrire ce livre ! »

Geneviève ne put résister bien longtemps à cette injonction. Aussi douée pour la peinture que pour l'écriture – elle avait déjà exposé ses tableaux dans de prestigieuses galeries et publié des romans sous couvert de différents noms d'emprunt, elle se mit rapidement au travail et édita *Le Don d'ailleurs*[7], qui devint rapidement un succès de librairie. Elle fit aussi des conférences, dont certaines en

---

7. Delpech G., *Le Don d'ailleurs*, éd. Pygmalion, 2015.

duo avec moi, pour parler de ses expériences médiumniques. C'est ainsi que nous sommes devenus amis. Mais revenons au sujet qui nous préoccupe.

En août 2016, Geneviève vient passer quelques jours de repos dans ma maison ariégeoise. Nous roulons vers le château de Puivert. Je suis au volant. Mon épouse Corinne est à mes côtés, et, à l'arrière, notre amie médium regarde défiler le paysage. Soudain, elle nous dit : « Il y a une jeune femme à côté de moi, elle est blonde, elle a les yeux clairs et le front bombé. Elle a prononcé un nom : Berveillé. Puis une phrase : des fleurs et des prières à Lusèque ou Lusèch… Je ne sais pas. Ça vous parle ? » Corinne et moi étions subjugués. Geneviève ne pouvait pas savoir que mon épouse avait perdu Chantal, sa sœur de cœur, décédée deux ans plus tôt d'un cancer des poumons. Chantal Cagnac était l'épouse de Noël Berveillé, qui reçoit depuis sa mort de nombreux signes d'elle. Les obsèques de Chantal s'étaient déroulées dans un tout petit village du Lot : le cimetière de Luzech ! Et il y avait bien sûr beaucoup de fleurs et de prières ce jour-là. La CIE de Chantal a donc contacté celle de Geneviève à un moment où personne ne s'y attendait vraiment. Nous étions en balade et non pas partis pour une séance de médiumnité. Ce genre de message arrive au médium comme un flash pour donner un signe de reconnaissance significatif aux personnes concernées : un petit coucou envoyé de l'au-delà pour nous montrer que la vie continue de l'autre côté et que les disparus pensent encore à nous malgré une distance qui n'existe que dans notre CAC.

Une autre chose tout aussi surprenante nous est arrivée alors que nous roulions cette fois-là en direction de Toulouse. Mon épouse conduisait, Geneviève était à ses côtés, tandis que je lisais mes mails à l'arrière. La médium nous expliquait que depuis, quelque temps, Albert Einstein et Nikola Tesla apparaissaient régulièrement au pied de son lit en la réveillant en pleine nuit pour lui délivrer des messages, qui étaient pour elle totalement incompréhensibles, mais qui trouvaient sens auprès de certains physiciens ou astrophysiciens spécialisés dans les ondes scalaires[8], l'électromagnétisme, les formules mathématiques reliant

---

8. Ondes de nature électrique et de type longitudinal avec une direction de propagation orientée dans le même sens que le champ électrique créé. Par extension, la dénomination « scalaire » a été donnée à toutes les ondes de différentes natures (mécanique, mentale) mais de type toujours longitudinal, avec une progression dans l'espace en vortex et non en sinusoïde. Nikola Tesla, ingénieur physicien et inventeur surdoué mit en évidence ce type de rayonnement dès la fin du XIXe siècle.

l'espace au temps ou bien encore les trous noirs. Elle se contentait de noter les équations ou les formules dictées par l'esprit des deux savants pour les donner à Didier van Cauwelaert, qui faisait les recherches qui s'imposaient à lui de cette façon. L'histoire, nous dit-elle, durait depuis plusieurs mois, lorsque Didier lui demanda de prendre en photo l'apparition nocturne de Nikola Tesla, qui était plus assidu qu'Einstein dans ses visites impromptues. Nous écoutions Geneviève, qui, preuve à l'appui, nous montrait le visage de Nikola Tesla apparu sur son téléphone portable au moment de l'improbable photo. « Puis, ajouta-t-elle encore, j'ai essayé de prendre une autre photo, mais ça n'a pas marché, c'est tout noir. » Et là, à cet instant précis, le « paranormal » surgit encore dans nos vies. Mon autoradio s'arrêta net en coupant la chanson *Le Sud*, de Nino Ferrer. Une voix féminine et ironique sortit des huit haut-parleurs de la voiture et nous lança : « Mais si, ça a marché !!! » Imperturbable, Nino Ferrer continua sa chanson comme si rien ne s'était passé… Nous sommes trois à avoir entendu la voix. Personne n'a rêvé ou halluciné. Forts de cette information, relayée sur-le-champ à Didier, la fameuse photo noire fut agrandie et analysée par l'astrophysicien Trinh Xuan Thuan. Elle révéla en fait un champ astral, avec d'éventuelles jeunes étoiles bleues préfigurant des nuages interstellaires ; bref, une représentation de ce qui pourrait correspondre à une galaxie naine. La voix reçue en TCI sur mon autoradio avait donc raison : mais oui, ça avait marché ! Cet épisode est relaté dans l'ouvrage de Didier[9].

Je dois toutefois faire ici une mise en garde. Les charlatans qui se prétendent médiums sans l'être, sont hélas légion ! Mis à part les publicités mensongères – qui encombrent nos boîtes aux lettres en vantant les mérites des mages et autres sorciers pour, entre autres performances, faire revenir à la maison le conjoint parti convoler sous un autre toit –, certaines associations d'aide aux personnes en deuil invitent parfois dans leurs colloques des « faux médiums », qui font plus de mal que de bien aux personnes qu'ils interpellent. Fort heureusement, ces escrocs ne font pas de longues carrières, car ils sont vite identifiés. Les signes des défunts qu'ils donnent publiquement sont pour la plupart inventés, et ils deviennent vite agressifs en s'apercevant qu'aucune de leurs prétendues « visions » ne colle à la réalité. Je rapporte ici une affligeante expérience de médiumnité en salle. Je ne dévoilerai pas le nom du médium en question, mais celles et ceux qui l'ont déjà fréquenté le

---

9. Van Cauwelaert D., *Au-delà de l'impossible*, éd. Plon, 2016, p. 259.

reconnaîtront sans peine. Il a une technique personnelle pour toujours ramener à son avantage les réponses que lui font ses interlocuteurs…

— Monsieur, avec la veste bleue, là…

— Euh, moi ?

— Oui, vous. Il y a votre grand-mère derrière vous, je la vois.

— Ah bon ? Ah, c'est formidable. Merci…

— Oui monsieur, elle est là. Elle est morte il y a long-temps, n'est-ce pas ?

— Ben oui, j'ai 76 ans, donc je…

— Elle était toute petite n'est-ce pas ? Je la vois toute petite. Petite… petite avec un chignon sur la tête. Toute menue, fragile…

— Euuuuh… ben non !

— Comment, non ?

— Ben non, elle était très grande avec les cheveux très courts. C'était une ancienne championne de natation. Elle n'a jamais eu de chignon. On lui disait de laisser un peu pousser ses cheveux, mais elle ne voulait pas.

— Aaaaaaaaaah ! Eh bien voilà, monsieur. C'est çaaaaaaaaa ! Tout le monde lui disait de laisser pousser ses cheveux, et c'est pour ça qu'elle apparaît comme ça, avec ses longs cheveux attachés en chignon, c'est pour vous faire plaisir. Cadeau, qu'elle me dit! Vous lui disiez de laisser pousser ses cheveux et elle ne voulait pas. Maintenant, elle vous fait ce cadeau, monsieur.

— Non, moi, je ne lui ai jamais dit de laisser pousser ses cheveux. Je m'en fichais de ses cheveux, moi!

— Écoutez, monsieur, il faudrait mettre un peu de bonne volonté. Vous venez ici pour avoir des messages. Vous êtes nombreux dans cette salle, et vous, vous avez la chance d'en avoir un pour vous, ça tombe sur vous, alors s'il vous plaît, un peu de bonne volonté, d'accord?

— Oui, mais…

— Bon, ensuite vous me dites que votre grand-mère était très grande, mais moi, si je vous dis que je la vois petite, c'est qu'elle est petite. Je la vois petite, sans doute parce que l'esprit de votre grand-mère m'apparaît plus jeune, pendant l'enfance, vous comprenez ce que je viens de vous dire?

— Ah bon, oui, d'accord.

— Oui… Houlala, j'ai très mal à la tête, moi… Votre grand-mère a dû mourir d'un problème à la tête…, une longue maladie sans doute, avec un problème à la tête. Ça vous parle, ce que je dis? Ouillouillouille ma tête, ma tête!

– Euuuuuh… non, pas vraiment. Ma grand-mère n'avait pas de problème à la tête. Elle est morte subitement d'une crise cardiaque.

– Oui, c'est possible monsieur, mais moi, je vous dis que votre grand-mère a atrocement souffert de la tête avant de mourir. Personne ne le savait… Je ne voulais pas les inquiéter, qu'elle me dit… Mais alors, qu'est-ce qu'elle a dû souffrir la pauvre, oh lalalala !

– Ah bon ? Ben ça alors… non, personne ne le savait…

– Je la vois à la campagne. Elle avait des poules… Non, des canards, oui c'est ça, des canards.

– Euh, non…, elle vivait sur une péniche en bord de Seine, à Paris, et… non, elle n'avait pas de canards.

– Eh bien oui, c'est ça monsieur, une péniche, c'est comme la campagne, ça ressemble plus à la campagne qu'un appartement parisien, non ? En plus, je vois de l'eau depuis que je vous parle. C'est pour ça… Une péniche. Oui, je comprends maintenant pourquoi je vois des canards. Les canards, c'était pour me dire qu'elle vivait sur l'eau…

– Ah, oui… d'accord.

– Voilà, monsieur, elle s'en va. Elle vous embrasse et vous envoie un bouquet de roses.

– Des roses ?!!! C'est bizarre ça, elle détestait les fleurs à cause de son allergie. Elle disait toujours qu'elle n'en voulait pas pour son enterrement…
– Pardon monsieur ? Je n'ai pas entendu.
– Non, non, rien, merci…

Il est certain que la personne qui assiste pour la première fois à une telle prestation s'écartera pour toujours de l'hypothèse d'un contact possible avec le monde spirituel par l'intermédiaire d'un médium. Sa CAC aura définitivement assimilé la médiumnité à une grossière imposture, et il sera difficile, voire impossible, de la faire changer d'avis. Pour cette personne-là, l'amalgame sera inévitable. Les véritables médiums, et il y en a fort heureusement quelques-uns, ont l'habitude de surnommer les « pipos » les individus qui se prétendent médiums sans en avoir la moindre capacité. En fait, on pourrait résumer la chose en disant que les « pipos » ont une CAC omniprésente orientée exclusivement sur leur ego et sur la façon dont ils vont s'y prendre pour gruger leur monde. Ils font volontiers payer une consultation médiumnique de 30 minutes au prix fort en recommandant à leurs clients bernés de revenir les consulter dans les plus brefs délais. Ils récoltent pas mal d'argent en très peu de temps, mais leur carrière de médium ne dure pas plus de deux ou trois ans.

Dans la Grèce antique, des institutions secrètes invoquaient les esprits grâce à ce que l'on appelait un «*psychomanteum*», également qualifié d'«oracle des morts». Les lieux où étaient rendus ces oracles étaient entièrement construits sous terre, l'obscurité et le silence créant les conditions idéales d'une privation sensorielle. La CAC n'étant plus stimulée, la CIE des participants pouvait entrer en action pour se connecter à celle des défunts.

Le Dr Raymond Moody, qui, avant de devenir psychiatre, était professeur de philosophie, connaît parfaitement les textes de la Grèce antique. Fort de ce savoir, il décida d'expérimenter une nouvelle thérapie du deuil en s'inspirant du *psychomanteum* grec. Il mit au point une méthode permettant de préparer les sujets à un contact avec les morts. Il s'agissait de faire parler ses patients d'un proche décédé qu'ils souhaitaient revoir pour évoquer leurs souvenirs avec lui. Il les installait ensuite dans une chambre d'apparition en leur demandant de se détendre tout en fixant un miroir placé dans une petite salle où la lumière était tamisée. Les résultats obtenus dépassèrent ses espérances. La moitié des sujets, voire plus, faisaient des rencontres avec les esprits de leurs défunts. Ils les voyaient en trois dimensions et en couleurs. Et les esprits leur paraissaient particulièrement vivants. Environ un tiers des participants rapportait avoir entendu la voix du défunt. Pratiquement tous les autres indiquaient que, même s'ils n'avaient pas entendu de voix ou vu la moindre image, ils avaient vécu une expérience de communication qui leur avait permis de se sentir en contact avec le défunt en les faisant progresser dans la résolution de leur deuil.

Selon cette même approche, Allan Botkin est un psychologue clinicien américain qui a mis au point une nouvelle thérapie, qui a déjà aidé des milliers de personnes à surmonter un deuil en leur permettant d'entrer en contact avec leurs défunts. Son invention est consécutive à un « heureux hasard ». En 1995, alors qu'il utilisait la technique d'EMDR[10] pour traiter les traumatismes psychologiques des vétérans de la guerre du Vietnam dans son cabinet de Chicago, il découvrit que Sam, l'un de ses

_____

10. *Eye Movement Desensitization and Reprocessing*, ou « désensibilisation et retraitement par les mouvements oculaires » (DRMO). Consiste à induire une résolution des symptômes liés à des événements traumatiques du passé en provoquant des mouvements rapides des globes oculaires.

patients, hanté par le souvenir d'une jeune Vietnamienne qu'il n'avait pu sauver, avait visualisé son esprit au cours de la séance. La jeune fille l'avait rassuré en lui disant que tout allait bien et qu'elle était désormais en paix. Ce seul moment avait eu sur Sam un impact plus profond que des années de thérapie. Dès lors, le Dr Botkin perfectionna sa technique de communication induite après la mort (CIAM) et forma des dizaines de thérapeutes partout aux États-Unis.

Il écrit :

> « Nul ne sait exactement comment fonctionne l'EMDR, bien qu'il soit clair que le traitement mental est accéléré et qu'il y a une similitude avec les mouvements oculaires rapides caractéristiques du sommeil paradoxal. On sait qu'au cours de cette phase onirique le cerveau traite les informations plus vite que pendant la journée. On suppose que ce traitement accéléré au cours du sommeil paradoxal est la cause des va-et-vient oculaires rapides[11]. »

---

11. Botkin A., *La Communication induite après la mort. Une thérapie révolutionnaire pour communiquer avec les défunts*, Guy Trédaniel éd., 2014, p. 39.

La modélisation que je propose permet de donner une explication cohérente aux CIAM obtenus pendant les séances d'EMDR.

En fait, quand on détaille les expérimentations du Dr Botkin, on s'aperçoit que les contacts avec les disparus s'obtiennent dans les secondes qui suivent les mouvements oculaires rapides ; la communication s'effectue après et non pendant. Ces mouvements de va-et-vient accélérés des yeux sont les mêmes que ceux qui existent pendant le sommeil paradoxal. L'activité corticale cérébrale est dans ces périodes-là aussi active que la CAC. Dès que ce mouvement s'interrompt, la CAC s'éteint, et la CIE, enfin libérée de l'emprise de la CAC, peut s'activer facilement. D'où les contacts induits avec la CIE des défunts au cours de la séance. C'est aussi simple que cela.

Le Dr Botkin évoque, dans ce même ouvrage, le cas d'un de ses patients, nommé Miles, qui ne parvenait pas à avoir une CIAM au cours de ses différentes EMDR[12]. En fait, Miles commentait tout ce qu'il éprouvait en suivant docilement les instructions du praticien. Au cours d'une séance, il dit par exemple : « Je viens d'avoir une idée. Cela ressemble beaucoup au zen. Cela me donne une

12. *Ibid.*, p. 250.

opportunité d'étudier mon paysage intérieur.» Toute CIAM était dans ces conditions totalement impossible, car, plutôt que de se laisser aller en vivant l'expérience telle qu'elle se présentait, il réfléchissait à la situation en essayant de la comparer à des choses qu'il connaissait déjà. Autrement dit, il analysait en permanence et était donc incapable de lâcher sa CAC après la période des mouvements oculaires rapides. Sa CIE ne pouvait donc pas s'activer.

Une autre expérience d'EMDR de ce praticien m'a passionné : le cas de Jeff[13]. Jeff est le papa de Jason, un jeune handicapé de 18 ans qui, atteint d'une grave microencéphalopathie, possède l'âge mental d'un enfant de 6 mois et qui est incapable de parler. Le Dr Botkin eut la surprise de découvrir qu'au cours de sa séance d'EMDR Jeff reçut un message clair de Jason, qui était pourtant bel et bien vivant. Son fils lui apparut entouré d'une belle lumière rayonnante, et celui qui était lourdement handicapé parvint à lui parler clairement. Jason le remercia d'être un merveilleux père et lui précisa que sa maladie ne devait pas le rendre triste, car elle lui permettait de connaître simultanément ce qu'il y a

---

13. *Ibid.*, p. 142.

de mieux dans les deux mondes. Depuis cette séance, Jeff considère son fils d'une tout autre façon, et il est totalement en paix avec son handicap.

Dans ce cas précis, la CIE de Jeff est entrée en contact avec celle de son fils, non pas par une relation médiumnique, mais par un contact télépathique, puisque Jason n'était pas décédé au moment de l'expérience. Il est intéressant de constater que la CIE d'un sujet aussi lourdement handicapé que Jason est parfaitement capable de communiquer en toute lucidité et avec une exceptionnelle sagesse. Le handicap mental n'est donc pas reproduit dans la CIE. Il n'existe que sur notre plan terrestre. La CIE des porteurs de la maladie d'Alzheimer ou des comateux, comme nous allons le voir plus loin, est accessible par télépathie. Leur apparente inconscience n'est donc qu'une illusion.

La possession

Les contacts médiumniques nous informent que la personnalité du défunt est inchangée après la mort terrestre. Il ne suffit pas de rejoindre l'au-delà pour devenir un petit saint. L'évolution spirituelle devra se poursuivre dans l'invisible. Une personne colérique et haineuse gardera donc son caractère après son décès. Le monde spirituel est peuplé de bons et de mauvais esprits. La CIE des mauvais esprits pourra tenter, et souvent réussir, d'influencer la CIE de personnes évoluant dans notre plan terrestre qui sont fragiles ou influençables. L'actualité regorge d'exemples flagrants.

Durant l'hiver 2013, un jeune homme fonce au volant de son 4 × 4 sur la place d'un marché de Noël en blessant grièvement plusieurs personnes. Interrogé par la police, il déclare : « J'ai entendu une voix qui me disait de foncer dans la foule, alors je l'ai fait. » Quelques mois plus tôt, un boucher-charcutier, père de famille respectable, prit son fusil de chasse pour abattre deux inconnus dans la rue. Une fois maîtrisé, le forcené fit à peu près la même déclaration : il avait entendu des voix lui demandant de commettre l'irréparable. Le phénomène de possession n'est reconnu ni par les tribunaux ni par la médecine. Les sujets possédés le temps de leurs exactions finissent tous en prison ou en asile psychiatrique. Mais a-t-on vraiment un autre choix si on veut protéger la société de ces coups de folie meurtrière ? La CIE de défunts malintentionnés cherche à entrer en contact avec notre monde par tous les moyens qui lui sont offerts. Il est donc dangereux de tenter des séances de spiritisme sans prendre un certain nombre de précautions. Les prières de protection sont indispensables avant de débuter des tentatives de contact avec l'au-delà. Celles-ci ne pouvant bien sûr être réalisées que par des personnes expérimentées ; il ne s'agit pas de s'amuser à faire tourner les tables ou à manipuler une tablette de oui-ja pour agrémenter une soirée à la fin d'un repas d'amis. Les enfants doivent aussi être prévenus de tous ces dangers.

Pour compléter cette partie consacrée aux possessions, il faut aussi signaler que certaines CIE vont tenter de se faire passer pour ce qu'elles ne sont pas – en général celles de défunts aussi célèbres que Jules César, Napoléon ou Charles de Gaulle – et donner des informations tout à fait fantaisistes pour perturber celles et ceux qui les reçoivent. Bon nombre d'individus se prennent pour Napoléon dans les asiles psychiatriques. C'est tellement vrai que l'on a pris pour habitude de caricaturer le fou en lui faisant porter un petit entonnoir sur la tête avec une main gauche glissée sous sa chemise à la hauteur du foie. Ce n'est sûrement pas Napoléon qui a possédé la CIE de ces malheureux, mais plutôt celle de défunts malintentionnés.

La CIE des défunts peut agir sur différents supports vibratoires ainsi que sur la matière.

Les signes électriques

Beaucoup de personnes m'écrivent pour me raconter qu'elles ont reçu des signes électriques après le décès d'un être cher : des ampoules qui claquent ou qui se mettent à clignoter, des postes de télévision ou de radio qui s'allument tout seuls, des portails électriques qui s'ouvrent sans que la télécommande soit actionnée… La liste est longue, et je ne peux retranscrire ici tous ces témoignages. Pour illustrer ce paragraphe, j'ai choisi de rapporter le récit de mon ami Georges Tussing, car il est aussi spectaculaire qu'émouvant. Georges a perdu son épouse d'un cancer du sein le 17 novembre à 17 heures, alors qu'elle se trouvait dans la chambre 17 d'un hôpital toulousain. Le 17 est le nombre fétiche du couple depuis leur première rencontre, qui avait évidemment eu lieu le 17e jour du mois de leur coup de foudre. Accablé par la perte récente de sa femme, Georges tombe dans une profonde dépression. Il n'a plus goût à rien. C'est un signe électrique qui va lui redonner l'envie de vivre en lui montrant que son épouse décédée est bien présente de l'autre côté du voile. En effet, un soir, alors qu'il rentre chez lui après une journée de travail, il constate qu'une ampoule est grillée dans sa salle de séjour. Il allume une autre lampe : grillée, elle aussi. Il se rend dans les autres pièces de sa maison et constate que beaucoup d'ampoules sont grillées. Il fait le compte : 15 ampoules sont hors service. Il recompte plusieurs fois et trouve toujours le même résultat. Alors, pourquoi 15 et pas 17 ? Si c'était un signe de l'amour de sa vie, elle n'en aurait pas oublié deux ! Georges tourne en rond dans sa maison en recherchant les deux ampoules manquantes ; rien à faire. Il lui semble que sa tête va exploser. Malgré le froid et la nuit noire, il décide de sortir de sa maison avant de devenir fou. Il ouvre la porte de son garage et se met au volant de sa voiture. Il démarre et allume ses phares. Et là, une autre surprise l'attend : les deux phares sont grillés ! 17, le compte est bon. Georges peut aller se coucher en remerciant l'au-delà de cet inestimable cadeau ; cette grâce qui lui a été offerte pour continuer à vivre. La CIE de l'épouse de mon ami a réalisé une action concrète sur 17 ampoules totalement indépendantes. On aurait pu évoquer un problème électrique au niveau de la maison s'il n'y avait eu les deux phares de la voiture également concernés, l'hypothèse de l'heureuse coïncidence devenant de ce fait difficilement acceptable.

La transcommunication instrumentale

La TCI consiste à recueillir les informations émises par la CIE des défunts sur différents supports : écrans d'ordinateur, de télévision, ou bandes de magnétophone. Les images ou les sons ainsi enregistrés évoqueront les défunts, qui seront identifiés de cette façon. Un véritable dialogue pourra ainsi s'instaurer avec l'autre monde. Des portraits saisissants de Romy Schneider ou de Friedrich Jürgenson, le pionnier de la TCI, furent photographiés alors qu'ils apparaissaient sur des écrans de télévision bien après leur décès. Depuis les premières voix paranormales, étudiées en 1952 en Italie, de nombreux chercheurs se sont intéressés au phénomène. En France, je pense, bien sûr, au père François Brune, qui a consacré une bonne partie de sa vie à ce phénomène et qui a publié de nombreux livres sur le sujet. Il y a aussi Jacques et Monique Blanc-Garin, fondateurs de l'association Infinitude et de la revue trimestrielle *Le Messager*, ou encore Yves Linès et Christophe Barbé, de Source de vie Toulouse. Mais tout cela est chez nous bien marginal. Il faut souligner que nous sommes, en France, très en retard sur le développement de ces techniques de communication. L'Allemagne, l'Italie, le Mexique, le Brésil, les États-Unis ou encore la

Russie semblent être les pays leaders dans ce domaine. Je ne me suis personnellement intéressé à cette discipline qu'après avoir vécu une expérience époustouflante à Caen, chez la sœur du père François Brune. Je me suis rendu là-bas, suite à une invitation du prêtre dissident, pour assister à une séance de TCI organisée pour entrer en contact avec son frère, récemment décédé. J'écris « dissident », car la TCI n'est malheureusement pas reconnue par l'Église catholique et romaine, alors qu'il est de notoriété publique qu'il existe au Vatican une cellule secrète de chercheurs en TCI !

J'avais à l'époque déjà lu *Les morts nous parlent*[14] et entendu des enregistrements de voix paranormales, mais ces éléments ne m'avaient pas vraiment convaincu. Je peux dire que l'expérience de Caen fut pour moi déterminante. Ce jour-là, nous avons pu enregistrer la voix du frère décédé de François qui répondait à toutes les questions qui lui étaient posées ! Cela semble complètement fou et totalement surréaliste, mais c'est pourtant la stricte vérité. J'ai pu noter cette improbable conversation sur

---

14. Brune F., *Les morts nous parlent*, tome I et II, éd. Le Livre de Poche, 2009.

le petit cahier à ressorts que j'avais apporté avec moi au cas où l'impensable se produirait.

Mes recherches m'ont conduit à tirer un certain nombre de conclusions qui valident la TCI comme étant un moyen de communication avec le monde des esprits. J'ai retenu, dans toutes les publications sérieuses que j'ai pu examiner, sept bonnes raisons objectives de croire à la TCI. Les enregistrements des voix de disparus ont en effet été étudiés dans divers laboratoires électroacoustiques, notamment à Milan et à Bologne. Certaines expérimentations rigoureuses ont également été menées simultanément avec des médiums pour valider les messages reçus en TCI. Je ne vais pas détailler ici les différentes modalités de leur réalisation, ce serait long et fastidieux.

Ces sept bonnes raisons de croire à la TCI sont en quelque sorte un résumé condensé des arguments[15] plaidant en sa faveur.

Première raison : les voix humaines oscillent entre 80 hertz pour les plus graves et 400 hertz pour les plus

---

15. Baruss I., *« Failure to Replicate Electronic Voice Phenomenon »*, *Journal of Scientific Exploration*, 2001, 15 (3), p. 355-356.
Voir également les sites : www.transcommunication.eu, www.infinitude.asso.fr, et www.hansottokoenig.de.

aiguës, alors que les voix enregistrées en TCI dépassent 1 400 hertz, c'est-à-dire des fréquences vibratoires impossibles à atteindre avec des cordes vocales. Cela dédouane donc toute tentative de supercherie par un complice pourvu de cordes vocales.

Deuxième raison : la similitude des caractéristiques vocales (mis à part leurs fréquences) des voix enregistrées d'une même personne vivante et en TCI (donc décédée) dépasse 90 %. L'identité du défunt est donc vérifiée selon les critères retenus dans les enquêtes policières.

Troisième raison : des messages différents et parfois complémentaires de la même entité sont entendus en faisant dérouler la bande sonore à l'envers : ces enregistrements sont appelés « voix réverses ». Lorsqu'on demande au Dr Augusto Beresawkas de l'université de São Paulo comment, techniquement parlant, pourrait se produire une voix réverse, il répond : « La principale explication pour la manifestation de voix réverses est d'admettre qu'il existe une fluctuation temporelle entre notre réalité et les autres[16]… »

---

16. Certains chercheurs s'accordent pour reconnaître que l'écoulement linéaire du temps (passé-présent-futur) ne correspond qu'à notre dimension terrestre. Selon ce principe, on peut facilement concevoir

Quatrième raison : les messages reçus en TCI peuvent se déplacer sur la même bande-son. Ce phénomène est, selon les chercheurs, relativement fréquent. Nous avons pu l'observer dans notre expérience de Caen. La phrase « Oui, ça s'arrangera » s'est déplacée de plusieurs centimètres sur la bande et a été entendue à deux repères différents lors de deux écoutes successives.

Cinquième raison : plusieurs messages coexistent parfois et sont audibles en faisant dérouler la bande à des vitesses différentes. Quatre messages entendus lors d'une expérimentation à Bologne.

Sixième raison : les expériences de TCI sont reproductibles et répétitives ; argument de poids pour une validation scientifique.

Septième raison : des messages ont été reçus simultanément en TCI et en écriture automatique par des médiums situés à distance du lieu de l'expérimentation TCI. Cette synergie est explicable si on admet que la CIE d'un défunt est en mesure de communiquer un même

---

que les enregistrements de voix venant de l'au-delà, et donc d'une dimension différente de la nôtre, puissent se situer indépendamment de notre réalité temporelle. Argument supplémentaire d'une provenance « extraterrestre » des messages enregistrés en TCI.

message sur deux plans vibratoires différents, en utilisant l'écriture d'un médium comme canal, d'une part, et une émission radiophonique comme support, d'autre part.

Les déplacements d'objets et les apports

À en croire les nombreux témoignages que j'ai reçus, la CIE des défunts pourrait agir sur la matière en déplaçant des objets ou en les faisant disparaître et apparaître dans des endroits particuliers. Mieux que de grands discours sur ce sujet, voici un petit florilège d'extraits de courriers et une expérience personnelle qui illustrent parfaitement ces phénomènes :

« Déjà que, de son vivant, André ne ratait pas une occasion de me faire bisquer, maintenant qu'il a la possibilité d'être invisible et de s'amuser avec moi, il ne se prive pas de le faire. Tous les matins ou presque, il joue avec mes clés de voiture. Je les mets sur la petite table qui est dans le hall d'entrée de la maison le soir, et, le matin, elles n'y sont plus. Je les retrouve dans différents endroits de la maison : sur mon bureau, sur mon frigo, dans le garage, sur le battant de la cuvette des WC, sur l'accoudoir du canapé. Quand j'en ai assez de chercher, je m'énerve et je rouspète après lui à haute voix. "André, arrête de jouer, je n'ai pas le temps, je vais être en retard au boulot", que je lui dis, et, là, il m'amène tout de suite à l'endroit où sont les clés. »

Suzanne, postière dans le Gers.

« J'aimerais avoir votre avis sur les déplacements de la poupée de notre fille Chloé. Mon mari et moi, nous pensons que c'est elle qui organise ces déplacements, mais nous ne comprenons ni pourquoi ni comment cela est possible. Depuis son décès, l'année dernière, nous n'avons rien pu bouger dans sa chambre, et sa poupée est sur l'oreiller de son lit. Quand nous nous couchons dans la chambre, nous avons parfois la lumière de notre lampe qui est sur la table de nuit qui se met à clignoter. C'est le signal que la poupée de Chloé va bouger. Nous nous levons et constatons que la poupée n'est plus dans le lit, mais sur une étagère ou sur la chaise près de sa fenêtre. C'est arrivé quatre fois à un mois d'intervalle, et, depuis plus de cinq mois, il ne se passe plus rien. On aimerait bien que ça recommence. On ne peut pas raconter ça à n'importe qui. Auriez-vous une explication à nous donner ? »

Mireille, maman de Chloé, décédée à l'âge
de 9 ans des suites d'un lymphome malin.

« Mais en revenant de son enterrement, une drôle de surprise nous attendait. Tous les cadres au mur où il était en photo avaient bougé. Ils étaient de travers et certains étaient même à l'envers. Les cadres où il n'était pas en photo n'avaient pas bougé. S'il y avait eu un petit tremblement de terre imperceptible, tous les cadres accrochés au mur auraient bougé et pas que les siens. Un tremblement de terre aurait été signalé aux informations à la télévision et, même s'il y en avait eu un, tous les cadres auraient bougé en même temps. Un tremblement de terre ne choisit pas les cadres qu'il va faire bouger. C'est logique. On aimerait bien avoir votre avis sur ce qui s'est passé, docteur. »

Adrienne, agricultrice retraitée,
à propos de son beau-père décédé.

Je peux également rapporter ici une histoire vécue par mon épouse Corinne. J'ai précédemment évoqué la disparition de Chantal, sa sœur de cœur, en racontant la fulgurante perception médiumnique de Geneviève Delpech alors que nous roulions vers le château de Puivert. Chantal avait offert à Corinne des boucles d'oreilles en forme de cœur. Environ un an après le décès de Chantal, mon épouse part jouer au golf avec son amie Joëlle. Elle a sur elle cette parure qui lui rappelle celle qu'elle a tant aimée. Joëlle remarque le bijou et complimente : « Oh, Corinne, elles sont magnifiques tes boucles, je ne te les connaissais pas ! » Mais, à la fin de leur partie de golf, une mauvaise surprise les attend. Il manque une boucle ; celle de l'oreille droite. Comprenant l'attachement sentimental de Corinne pour ce bijou de pacotille, les deux amies refont tout le parcours en sens inverse à la recherche du minuscule petit cœur rouge. Rien à faire. Vu l'immensité du parcours, autant rechercher une aiguille dans une meule de foin ! Corinne émet un doute sur la présence de la boucle droite avant de jouer. Pourtant, elle se souvient parfaitement s'être regardée dans le rétroviseur de la voiture avant d'en descendre, et elle est certaine d'une chose : les deux précieux objets étaient bien en place à ce moment-là. En plus, Joëlle est formelle : la boucle droite était présente quand elle lui a fait ce compliment. Corinne conduisant la voiturette de golf, son amie était donc à sa droite et aurait de toute évidence remarqué cette disparition avant de terminer le dix-huitième trou du parcours.

Une fois arrivée à la maison, Corinne ouvre le coffret à bijoux disposé près du portrait de Chantal. Elle ne comprend pas trop pourquoi elle fait ce geste. Une sorte d'automatisme, une quête, une prière. Non, elle ne sait pas pourquoi elle ouvre cette petite boîte, mais ce qu'elle voit lui coupe le souffle : la boucle d'oreille manquante est là, exposée sur la feutrine bleue comme un cadeau étincelant venu d'un monde rempli d'amour.

Devant la description de tous ces phénomènes, on peut se poser une question simple : est-ce que la CIE des défunts agit sur la matière en déplaçant les objets ou en les dématérialisant à un endroit donné pour les *rematérialiser* ensuite à un autre ? Je n'ai pas connaissance de témoignages faisant état de visualisation de trajectoires d'objets évoluant dans l'espace, mais on peut imaginer que des déplacements effectués à des vitesses supérieures à celle de la lumière, soit 300 000 kilomètres par seconde, ne nous soient pas perceptibles.

Albert Larcher est le secrétaire de Source de vie Toulouse, un groupe d'hommes et de femmes de bonne volonté qui travaillent bénévolement pour aider les personnes en deuil. Sur le site d'accueil de cette association, il se présente ainsi :

> « Depuis ce jour où ma fille de 17 ans nous a dit au revoir pour toujours sur ce plan terrestre, je n'ai jamais cessé de la chercher. Je suis aujourd'hui un papa heureux d'avoir retrouvé Carole bien vivante dans l'au-delà. »

Albert est connu pour son histoire incroyable d'apport de sable sous la table de sa salle à manger. Chaque fois qu'il la raconte lors de ses conférences, elle suscite beaucoup d'émotion dans le public. Carole est morte noyée sur une plage de Mimizan le 11 août 1999. Quelques semaines après son décès, son père, éploré, découvre l'inconcevable en revenant d'accompagner son épouse au travail : un tas de sable d'environ un centimètre d'épaisseur s'étalait sur une surface d'un mètre cinquante au-dessous de la table de la salle à manger. Il s'agissait d'un sable marin aussi fin et brillant que celui que l'on trouve sur la plage de Mimizan. Une plante haute d'un mètre avait été déplacée et posée droite sur le monticule étincelant. Une armoire bonnetière de quatre-vingts kilos avait elle aussi bougé en direction du sable. Devant cette invraisemblable situation, Albert se branche aussitôt sur sa CAC : il analyse les faits et essaye d'imaginer un scénario possible excluant une intervention de l'au-delà. Un des nombreux jeunes qui lui rendaient visite depuis la disparition de sa fille avait dû lui ramener du sable de cette maudite plage. Il aurait oublié ce détail et aurait rangé ce « cadeau-souvenir » de mauvais goût dans un endroit caché de sa maison pour ne plus jamais le voir. Le chien, resté seul le temps de son absence, aurait trouvé le sac et l'aurait percé avec ses dents, juste au-dessous de la table. La disposition des grains, parfaitement circulaire et d'une épaisseur constante, serait due au hasard. Oui, mais, dans ce cas, comment le chien aurait-il pu ériger une plante de cette hauteur au-dessus de son forfait ? Où était le sac vide ? Pourquoi restait-il introuvable ? Et, surtout, comment un chien de cette taille aurait-il été capable de déplacer un meuble vertical qui faisait quatre fois son poids ? Tout en se posant ces questions, Albert donne un grand coup d'aspirateur pour nettoyer le sol, car les coups de balai restaient curieusement inefficaces.

Le soir, au retour de son épouse et des amis de Carole, il s'empresse de raconter sa singulière aventure, mais il n'obtient en retour que des regards compatissants qui semblent dire : « Ça y est…, le pauvre vieux, il a les neurones qui ont lâché… » Pour convaincre une fois pour toutes son entourage incrédule, Albert ouvre devant eux l'aspirateur contenant sa précieuse récolte. Mais, hélas, force est de constater qu'il ne reste dans la poche qu'un énorme tas de poussière grise. Tout le sable a disparu !

La télépathie (*voir annexe 5, page 223*)

On peut la définir comme une mise en relation des CIE de deux ou plusieurs personnes vivantes.

En dehors du classique coup de téléphone donné à un ami, depuis longtemps perdu de vue, au moment précis où celui-ci s'apprêtait à le faire, il existe de nombreux exemples prouvant que nous sommes tous reliés par l'intermédiaire de nos CIE. Ces connexions s'établissent en fonction de nos affinités et de nos liens affectifs.

Dans un ouvrage précédent, j'ai évoqué le cas de Gisèle, cette jeune maman qui s'est réveillée au beau milieu de la nuit pour aller sauver son bébé qui était sur le point de mourir, stupidement étranglé par les barreaux de son lit. Bien que son enfant fût dans une autre chambre que celle de ses parents et dans l'incapacité totale d'émettre le moindre son ou de produire le moindre bruit, Gisèle se rendit en extrême urgence sur place pour éviter le pire. Elle pense avoir été alertée par un message télépathique de détresse émis par le bambin. La CIE du bébé aurait été en mesure de solliciter celle de sa mère afin qu'elle se réveille et se rende sans délai à son chevet pour le sauver.

Je reçois beaucoup de courriers de mamans qui disent avoir été prévenues par télépathie lorsqu'un de leurs enfants se trouvait malade ou en difficulté. Il semble que les papas soient plus difficilement «joignables» de cette façon. Il est probable que les femmes soient mieux à même d'être branchées à leur CIE que les hommes, ces derniers étant davantage enclins à utiliser leur CAC pour analyser, évaluer, jauger ou mesurer les choses.

« L'intuition féminine » est une célèbre expression qui
en dit long sur cette prédilection.

Bien que n'appartenant pas à la gent féminine, je
peux pourtant dire que ma CIE fut un soir soudainement
saisie par celle de mon fils Damien. Je vous raconte.
Il était aux environs de 22 heures. Je me relaxais chez
moi dans un bain chaud. Je voyais à travers la vapeur
qui s'échappait de la surface de l'eau le bout de mes
orteils, qui émergeaient en rampant le long de la paroi
nacrée de la baignoire. J'étais bien. Totalement calme et
détendu. En fond sonore : Norah Jones. J'adore la quié-
tude de sa musique. Elle me fait « planer grave », comme
disent les jeunes. Je fermai les yeux, et là, aussitôt, ce
fut l'électrochoc. Une sorte de flash. Comme dans un
thriller de cinéma. Je vis les mains de mon fils Damien
qui s'agrippaient sur la boîte à gants de ma voiture
pendant que celle-ci faisait des tonneaux sur une petite
route de campagne. Ce n'était pas lui qui conduisait ;
c'était son ami Jérémy qui tenait le volant, ou plutôt
qui essayait de le tenir ! Le vacarme de la tôle froissée
mêlé à l'explosion du pare-brise me fit sursauter. Je me
relevai brusquement en hurlant.

Corinne ouvrit la porte de la salle de bains.

– C'est toi qui viens de crier comme ça ? Ça va ?

– Oui, ne t'inquiète pas, ça va.

– Mais c'était quoi ce cri ? C'est bien toi qui as crié, non ?

– Oui, je pensais à Damien. Il ne faudrait pas qu'il prête ma voiture à Jérémy et qu'ils aient un accident…

Quelques minutes plus tard, nous apprenions que mon fils Damien avait eu un accident. Il était passager et, à sa gauche, Jérémy pilotait ma voiture, ou, plutôt, lui faisait faire gentiment plusieurs tonneaux sur la petite départementale de Laroque-d'Olmes, située à une dizaine de kilomètres de la maison. Miraculeusement, il n'y eut que quelques égratignures, tandis que ma belle auto toute neuve, elle, fut bonne pour la casse. Grâce au ciel, les deux lascars avaient eu la bonne idée de boucler leurs ceintures. Ma CIE s'était donc connectée à celle de mon fils au moment de l'accident pour reproduire ce qu'il voyait. L'alerte avait été reçue cinq sur cinq. Ô combien, rien que d'y penser, j'en tremble encore !

La CIE de mon autre fils, Laurent, le frère jumeau de Damien, fut également sollicitée, mais avant l'accident. Tant et si bien qu'il refusa de monter dans ma voiture pour faire la virée acrobatique. Cette décision lui sauva la vie puisque toute la partie arrière du véhicule accidenté était aussi plate que la queue d'un castor ! Son flash était différent du mien : il vit en un éclair une tête de mort se superposant à ma pauvre bagnole qui faisait des tonneaux. Il ne s'agissait pas d'une information télépathique, mais d'un événement relayé à un futur potentiel. Ce que certains appellent une « vision *précognitive* » et d'autres de la « voyance ».

Je dois également mentionner ici, deux contacts télépathiques que j'ai pu réaliser dans le cadre de mon travail en service de réanimation. Ces expériences personnelles sont à l'origine de mon idée de confronter la CIE des comateux aux ressentis de médiums sélectionnés par mes soins. Je détaillerai plus loin les résultats encourageants que j'ai obtenus.

Le premier contact télépathique que j'ai pu établir avec un comateux s'effectua avec une jeune femme qui, voulant mettre fin à ses jours, avait ingéré une dose phénoménale de barbituriques. Un soir de garde, l'infirmière de réa m'appela en catastrophe : « Venez vite docteur, l'intox désature, sa sat est à 50 ! » En langage clair, cela veut dire que la suicidée manquait d'oxygène et que, faute de trouver une solution rapide, la mort surviendrait en moins de dix minutes. La profondeur de son coma avait conduit l'équipe qui l'avait reçue en urgence à suppléer ses fonctions respiratoires, en reliant ses poumons à un respirateur artificiel par l'intermédiaire d'une sonde enfoncée dans la trachée. Ses yeux étaient fermés par du sparadrap, car, au stade neurologique qui était le sien, le réflexe de clignement périodique des paupières avait disparu depuis bien longtemps. Sans la présence de cet automatisme, un œil ouvert en permanence se dessèche et une conjonctivite érosive irréversible apparaît très rapidement.

Arrivé à son chevet, une idée obsédante m'envahit. C'était comme si une voix s'adressait directement à mon cerveau sans passer par mes oreilles. Et cette voix insonore disait, ou plutôt criait : « Il faut m'aspirer la sonde. Il faut m'aspirer la sonde ! » C'était à la fois impérieux et grave, un ordre formel, une injonction. Le fait que je demande à l'infirmière une aspiration pour vérifier la perméabilité de la sonde n'avait rien de surprenant. C'est le premier geste que ferait n'importe quel réanimateur en de pareilles circonstances. Mais Josiane, qui m'avait alerté au beau milieu de la nuit, voulut gagner du temps : « Inutile d'aspirer. J'ai vérifié. Y'a pas de bouchon docteur ! » Je n'avais aucune raison de ne pas suivre son conseil. Josiane était une soignante expérimentée, et il eût été logique de lui faire confiance. Sauf que là-haut, dans ma tête, ça insistait lourdement : « Il faut m'aspirer la sonde !!! Il faut m'aspirer la sonde !!! » C'était tellement pressant que je finis par céder, quitte à vexer mon assistante. L'infirmière prit son air bougon en me tendant le fin tuyau blanc. Mais elle changea brutalement de tête en voyant l'amas de sécrétions sèches accroché à son extrémité une fois ma manœuvre terminée. Il y avait bel et bien un bouchon dans la sonde de la comateuse! Ce redoutable obstacle l'aurait rapidement tuée si je m'étais abstenu de faire cet ultime contrôle.

Plus surprenant encore, ma rencontre avec la jeune femme, sortie de son coma sans aucune séquelle le lendemain de cet épisode qui aurait pu tourner au drame. Elle me sourit et me reconnut immédiatement : « Ah! mais c'est vous, docteur, qui m'avez sauvée. Merci, merci. Et je vous le disais de m'aspirer la sonde! Je vous le disais! Heureusement que vous m'avez écoutée! » J'étais stupéfait. Elle ne pouvait pas me voir, puisque ses yeux étaient clos par du sparadrap. Elle ne pouvait pas non plus me parler, puisqu'elle était dans un coma profond et qu'une sonde d'intubation passait au beau milieu de ses cordes vocales. Alors comment avait-elle pu réaliser cette prouesse? Comment voir sans les yeux? Comment être aussi lucide et analyser parfaitement une situation avec un cerveau qui fonctionne au ralenti? Et, surtout, oui, surtout, comment établir dans ces conditions ce lien télépathique avec moi ?

En période de coma, la CAC est inactive, et la CIE se trouve libérée de son emprise. La comateuse m'a vu sans l'intermédiaire de ses yeux puisque ses paupières étaient occluses par du sparadrap. C'est donc bien une information extrasensorielle envoyée à sa CIE qui lui a donné mon image, lui permettant de me reconnaître dans un deuxième temps. Et c'est aussi sa CIE qui a communiqué avec la mienne par télépathie pour que j'effectue le geste salvateur qu'elle souhaitait.

Le deuxième contact télépathique qui restera pour toujours gravé dans ma mémoire est celui que j'ai établi avec un comateux en fin de vie. L'octogénaire, atteint d'un cancer généralisé, terminait paisiblement ses jours dans le service de médecine de l'établissement où je travaillais. Je connaissais parfaitement son dossier médical, car je l'avais endormi plusieurs fois pour diverses chirurgies palliatives de confort. Je fus très contrarié de le retrouver un matin sous respirateur dans le service de réa. On m'expliqua la bavure. Le malheureux était victime d'une erreur médicale. Vers 3 heures du matin, son cœur s'était arrêté. L'équipe de nuit, parant au plus pressé et ignorant qu'il ne fallait pas le réanimer, réussit à faire repartir une vie qui ne demandait qu'à se terminer. On s'aperçut très vite de la grosse boulette en consultant sa fiche d'observation. Oui, mais trop tard. D'où son transfert secondaire en service de réanimation.

Je vis tout de suite en soulevant ses paupières qu'il était en état de mort cérébrale ; des pupilles dilatées qui ne réagissent plus à la lumière du jour ne prêtent pas au doute. En revanche, son cœur battait toujours, et cette situation pouvait durer plusieurs jours. C'est alors qu'il m'a parlé. Il m'a parlé sans émettre aucun son. J'ai immédiatement reconnu cette façon de communiquer. Comment aurais-je pu oublier ce que j'avais vécu avec la comateuse intoxiquée aux barbituriques ? Le vieil homme me disait : « Il faut fouiller dans mon portefeuille ! » Je n'ai pas osé faire d'emblée cette surprenante requête à la surveillante générale. Je lui ai simplement demandé si je pouvais avoir « les papiers » du mourant. Pensant que je désirais prévenir sa famille, elle me donna l'identité de sa fille et son numéro de téléphone. Mais ce n'était pas ça que je voulais ; il me fallait son portefeuille ! Je finis par lui dire : « Vous pouvez aller me chercher son portefeuille, s'il vous plaît ? » Elle écarquilla les yeux et afficha un sourire gêné : « Heu…, son portefeuille ? Vous voulez son portefeuille, c'est bien ça, docteur ? »

On finit par le trouver dans l'une des poches intérieures de sa veste. La vieille enveloppe en cuir usé protégeait des photos jaunies, divers documents officiels et une lettre. Sur ce papier froissé, le patient condamné exprimait son souhait de ne pas être victime d'acharnement thérapeutique. Il était écrit d'une main tremblante que, s'il se trouvait un jour sous assistance respiratoire, il fallait le débrancher au plus vite! Bien évidemment, cette demande on ne peut plus explicite permit de soulager sa famille, et son choix fut respecté.

Qui d'autre que lui pouvait me demander de me livrer à cette investigation? Je n'avais jusque-là jamais émis ce désir farfelu de fouiller le portefeuille d'un de mes patients! Je ne savais pas ce que je devais trouver, mais il fallait que je réalise son souhait. Ce phénomène télépathique ne s'est pas produit par l'intermédiaire de son cerveau, puisqu'il ne fonctionnait plus. Par-delà la mort, l'esprit du vieil homme a atteint son but. Il m'a «parlé», et j'ai exécuté son ordre.

La CIE de ce patient m'a informé avec insistance: je devais trouver le document qui permettait de faire connaître son choix. Ici, il ne s'agissait pas, comme dans le cas précédent, de me pousser à faire un geste particulier pour le sauver, mais au contraire de le laisser filer dans la lumière divine sans acharnement thérapeutique.

Rupert Sheldrake est un chercheur qui a beaucoup travaillé sur l'intuition et la télépathie. Il a pu notamment démontrer que l'attitude de chiens enfermés dans une pièce se modifiait dès que leurs maîtres, se trouvant à des kilomètres d'eux, décidaient de les rejoindre. Les braves toutous agitaient leur queue et se dressaient sur leurs pattes arrière comme s'ils avaient pu anticiper ce retour tant espéré. Les animaux, qui ont très peu de CAC, fonctionnent essentiellement avec leur CIE. Ils peuvent non seulement percevoir les intentions de leurs maîtres quelles que soient les distances qui les en séparent, mais aussi celles de leurs agresseurs potentiels. Il n'est pas rare qu'un chien se mette à grogner devant une personne qui n'aime pas les chiens, alors que celle-ci n'aura manifesté aucun signe extérieur laissant supposer cette aversion ou cette hostilité vis-à-vis de nos aimables canidés.

La CIE particulièrement bien développée des animaux leur donne quelques avantages sur nous. En se relayant aux informations des futurs potentiels, ils pourront anticiper les catastrophes naturelles. On n'a retrouvé que très peu de cadavres d'animaux dans les vestiges du tsunami du 26 décembre 2004, qui a tué plus de 250 000 personnes.

Les chiens, les chats, les bêtes sauvages et les animaux domestiques étaient tous partis quelques heures avant la catastrophe. On a même vu les éléphants d'un zoo rompre les chaînes qui entravaient leurs pattes pour pouvoir prendre la poudre d'escampette. Et on ne trouva aucune trace des 200 éléphants du Parc national de Yala, qui s'étaient mis en route bien avant le tsunami.

J'avais un dalmatien, Ramses, qui avait une peur pathologique des orages. Au premier coup de tonnerre, il se mettait dans le placard à chaussures et attendait en tremblant de tout son corps que les éclairs s'arrêtent. Rien à faire pour le déloger de là. Dans les heures qui précédaient l'orage, alors que le ciel était bleu et que rien ne laissait supposer que la foudre allait bientôt s'abattre, son attitude changeait : il devenait de plus en plus nerveux et tournait en rond en gémissant jusqu'au moment où il se réfugiait dans le placard à chaussures. Ramses était plus performant que nos météos locales. Il ne se trompait jamais.

Les oiseaux prennent constamment leur envol avant une intempérie, mais Ramses modifiait son attitude bien avant leur fuite.

La CIE des animaux leur donne des facultés médium-niques. Il n'est pas rare de voir un chien ou un chat s'immobiliser et fixer un endroit particulier de son habitation comme s'il observait quelqu'un. Voici l'extrait d'un courrier que m'a adressé Virginie, une jeune veuve qui, à l'époque où son époux était encore vivant, se barricadait chez elle en attendant son retour du travail :

> « Ces trois petits coups de sonnette m'ont fait tressaillir, car c'était la façon dont mon mari annonçait son arrivée. Il sonnait toujours de cette façon pour me faire comprendre que c'était lui. J'ai ouvert le cœur battant, mais il n'y avait personne. Notre chien Grog s'est alors mis à tournoyer en aboyant comme il le faisait quand mon mari arrivait. Il a fait ça de la porte d'entrée jusque dans notre chambre, où mon mari déposait ses affaires quand il arrivait. Il tournait et sautait autour d'une silhouette invisible que lui seul voyait. Je suis certaine qu'il voyait l'esprit de mon mari, et je l'enviais de toute mon âme. J'aurais bien aimé pouvoir être un chien pour le revoir moi aussi. »

Nous retrouvons également de remarquables facultés de voyance chez certains animaux de compagnie. Leur CIE se connecte aux informations du futur. Le cas du chat Oscar[17] le démontre de manière spectaculaire. Le matou, qui vit dans une unité hospitalière de Rhode Island, aux

---

17. Dosa D., *Un chat médium nommé Oscar*, éd. Archipoche, 2014.

États-Unis, a la particularité de se jucher sur le lit des patients qui sont sur le point de mourir pour leur faire un ultime câlin. Il a ainsi prédit le décès d'une bonne centaine de personnes. Certaines d'entre elles n'étant pas supposées quitter ce monde dans d'aussi brefs délais, Oscar s'est forgé une belle réputation de prédicateur en déjouant les meilleurs pronostics médicaux. Il est certain que, connaissant ses remarquables prouesses, il ne devait pas être très encourageant de voir arriver ce chat sur son lit!

La télépathie des animaux est donc aussi développée que leur médiumnité ou que leur intuition.

Les découvertes et les créations artistiques

Elles sont secondaires à la mise en relation de la CIE de chercheurs ou d'artistes avec le champ de conscience universel contenant l'ensemble des informations. J'ai déjà évoqué précédemment la simultanéité des grandes découvertes scientifiques se produisant à différents points de la planète éloignés les uns des autres, ainsi que les productions concomitantes d'œuvres artistiques qui ne sont en rien des plagiats. La CIE de chercheurs et d'artistes peut, à un moment précis, se connecter à la même source universelle d'informations pour faire évoluer notre monde dans une direction particulière. Oui, mais dans ce cas, qui distribuerait les informations sélectionnées ? Un grand architecte ? Dieu ? On ne peut s'empêcher de penser au vieux débat philosophique du déterminisme – fatalisme – cher à Spinoza.

La voyance

Quand la CIE de sujets vivants se connecte aux informations du futur, on parle de prémonition, d'intuition ou de voyance. Lorsque notre CIE est connectée à la banque de données universelles reliées au temps, nous sommes en mesure de visualiser des périodes fragmentaires de nos futurs potentiels. Nous sommes tous capables d'intuition et de voyance, mais, malheureusement, notre CAC prend toujours le dessus et nous empêche d'accéder aux bonnes informations. Il s'agit toutefois de futurs potentiels, ce qui veut dire que les événements perçus peuvent ou pas se produire. Par exemple, nous pouvons modifier un futur potentiel en fonction des informations qui nous seront communiquées par notre CIE ou celle d'un médium. Mais l'intérêt de consulter un voyant consiste précisément à changer son futur en fonction de ce qui est prédit.

Un jour, je reçois le courrier d'une lectrice très mécontente. La dame m'avait demandé de lui recommander un médium habitant sa région pour pouvoir entrer en contact avec son père décédé. Ce que j'avais fait de bon cœur. Elle était satisfaite de sa séance, puisque son papa avait donné ce jour-là suffisamment de signes de reconnaissance pour que l'on puisse le reconnaître, mais, oui, il y avait un mais, juste avant de lui dire au revoir, la voyante lui avait recommandé d'être prudente en *voiture durant l'été*. Et cette dernière remarque avait gâché toutes ses vacances, en limitant ses déplacements par crainte de mourir ou d'être grièvement blessée. Elle était furieuse, car nous étions en novembre, et elle n'avait pas eu le moindre accrochage ! Elle me reprocha de l'avoir orientée vers un charlatan. Je lui ai répondu que c'était sans doute son excès de prudence qui lui avait permis d'éviter un accident qu'elle aurait peut-être subi si elle n'était pas allée voir ce fameux médium.

Pour celui ou celle qui reçoit une information précognitive par l'intermédiaire de sa CIE, la tâche est difficile. Que doit-on faire de ce que l'on vient d'apprendre ? Comment changer la survenue d'un drame annoncé ? Qui prévenir ? À qui en parler ?

Geneviève Delpech est connue pour son don de voyance. Elle avait prévu, entre autres choses, le tsunami de 2004, l'effondrement du mur de Berlin, l'accident mortel de

Coluche à moto, l'explosion du chanteur Balavoine lors du Paris-Dakar et l'attentat de *Charlie Hebdo* à Paris. Elle avait prévenu les personnes concernées, mais Coluche lui avait ri au nez, Balavoine était trop déterminé pour annuler sa mission humanitaire en Afrique, tandis que Charb, son ami intime, lui avait dit qu'il savait déjà qu'il était en danger de mort. Depuis ces disparitions dramatiques, une question taraude Geneviève : pourquoi a-t-elle été informée de ce qui allait se passer puisque cela n'a servi à rien ? Difficile de répondre à ça. La réponse se trouve de l'autre côté du voile. Un jour, sans doute, nous comprendrons.

La vision à distance ou *remote viewing*

Quand la CIE de sujets vivants se connecte à des informations situées à distance de l'endroit où se trouvent ces personnes, on parle de « vision à distance », ou de *« remote viewing »*.

D'autres chercheurs préfèrent employer le terme de « sortie de corps » ou « Out of Body Experience » (OBE). C'est le cas de Sylvie Dethiollaz, docteure en biologie moléculaire et fondatrice d'une association à but non lucratif : le Centre de recherche Noêsis, à Genève. Avec l'aide du psychologue Claude Charles Fourrier, elle étudie depuis de nombreuses années les états modifiés de conscience (NDE, OBE, etc.). Son institut, l'ISSNOE[18], qui est reconnu d'utilité publique, a une triple vocation : l'accueil et le soutien des personnes qui sont le plus souvent désemparées après avoir vécu un état modifié de conscience, la recherche, en développant des projets et des protocoles scientifiques pour évaluer tous ces phénomènes, et enfin l'information, en les diffusant le plus honnêtement possible au grand public et aux professionnels œuvrant dans le domaine de la santé. Au fil du temps, Sylvie est devenue une amie, car il m'arrive bien souvent de lui adresser des personnes qui ont vécu une EMP ou une OBE. Il faut souligner que vivre de telles expériences n'est pas une chose anodine. C'est la peur et l'incompréhension totale de l'entourage qui dominent celle ou celui qui connaît pour la première fois une vision à distance de son corps. À qui se confier ? Comment expliquer l'inconcevable ?

Ce courrier, que j'ai reçu de G. D. en octobre 2016, illustre parfaitement cela : G. D. situe approximativement son expérience en décembre 1992-janvier 1993.

---

18. Institut suisse des sciences noétiques.

« Je suis à l'aube de ma 45ᵉ année, car je suis née le 6 octobre 1971.

Je viens de lire le livre intitulé *Les 7 Bonnes Raisons de croire à l'au-delà*, et, dans ce livre, sont cités le nom de Sylvie Dethiollaz et celui de son institut, l'ISSNOE. Pour la première fois, je lis l'adresse d'un endroit où je peux partager l'expérience vécue il y a bien longtemps déjà avec des personnes qui étudient le phénomène de l'OBE.

J'avais partagé à l'époque mon expérience avec ma meilleure amie et ma sœur. Depuis lors, j'ai quelque peu occulté cet épisode un peu particulier.

Pour poser le contexte, j'étais à Londres, fille au pair, à l'âge de 21 ans, quand cela m'est arrivé. L'ambiance dans la famille où j'étais arrivée était déplorable, et je ne me sentais pas à ma place. Je n'avais aucune sorte de communication avec ladite famille. Je déjeunais, dînais avec les parents et les trois enfants, mais le reste du temps, lorsque la famille était au complet, je passais mes soirées dans ma chambre.

Un des points dont je n'arrive pas à me souvenir est si la famille était présente lorsque cette expérience m'est arrivée. Était-ce un soir, pendant le jour... Je me souviens juste que, même s'il faisait peut-être nuit dehors, la chambre était éclairée.

Allongée dans mon lit, (étais-je sur le point de m'endormir ? ou en phase de repos ?), je me suis soudain vue allongée dans le lit, mais j'étais au-dessus de ma poitrine. Je n'étais donc plus dans mon enveloppe corporelle. Je n'avais plus de corps en tant que tel puisqu'il était allongé juste en dessous de moi. Je me suis alors dit : "Si je ne suis plus dans mon corps, je peux donc aller dans le coin de ma chambre" (coin opposé en diagonale)… Et du fait même d'avoir eu l'intention d'aller dans le coin opposé de la chambre, je m'y suis retrouvée. Je voyais à 360 degrés sans avoir rien à faire, car je n'avais plus de corps.

C'est comme si j'avais été un point dans le coin de la chambre avec des yeux à 360°. À ce moment-là, je me souviens clairement avoir pris conscience de ce qui venait de se passer, je m'étais déplacée en ayant manifesté la volonté de le faire. Je me suis alors dit : "Ça signifie que si je veux aller à n'importe quel endroit de notre planète, je vais y aller juste en y pensant ?" Je me souviens alors avoir pris peur et, à ce moment-là, je me suis retrouvée à nouveau dans mon corps. Je ne dormais pas, et j'ai pris conscience de ce que je venais de vivre. Ce n'était pas un rêve, c'était réel, et, après toutes ces années, le souvenir et les pensées que j'ai eues à chaque fois (au-dessus de mon corps et dans le coin de ma chambre) sont aussi clairs que si cela m'était arrivé hier.

Je n'ai plus jamais revécu une OBE.

Afin que vous ayez une idée de mes croyances, de ma religion… afin de replacer l'OBE dans le contexte familial, religieux, je suis née dans une famille très catholique, mais je suis devenue athée vers l'âge de 16/18 ans. Jusqu'à il y a encore deux ans, j'étais persuadée que l'on mourait et qu'après c'était le néant complet. Aujourd'hui, et depuis que j'ai découvert le reiki, il y a deux ans, je pense que nous sommes entourés par une puissance mais que je ne qualifie pas de "Dieu". Depuis que je pratique le reiki, je ressens beaucoup de choses physiquement, et ces manifestations, et toutes les lectures faites sur les NDE, et tout ce qui a trait à ce sujet, m'ont amenée à changer d'avis sur ce qui nous attend lorsque nous quitterons cette terre qui nous accueille. Je sais aujourd'hui que l'« au-delà » existe. Je me sens entourée d'une présence (et ce même lorsque j'étais moins ésotérique) depuis le jour où j'ai accompagné mon grand-père pour partir, lorsque j'avais 18 ans environ. Cette présence, ces présences de mes "guides", je les ressens fortement aujourd'hui.

J'espère que ce témoignage pourra être une pierre de plus aux phénomènes OBE étudiés par l'ISSNOE.

Cet institut mérite d'être mieux connu ; je suis persuadée que des milliers de personnes vivent des OBE mais n'osent pas en parler. »

Je suis de l'avis de G. D., l'ISSNOE « mérite d'être mieux connu ». Non seulement il aide les personnes qui ont vécu l'inconcevable, mais cet institut axe, sans aucun *a priori*, toutes ses recherches sur le fonctionnement de la conscience. Le singulier parcours de Sylvie Dethiollaz permet de comprendre sa création. Intriguée par les NDE et les OBE, la jeune diplômée en biologie moléculaire cherche en vain un laboratoire de recherche travaillant sur ces phénomènes au cours de son stage de postdoctorat à l'université de Californie, à Berkeley. De retour à Genève, elle décide de créer Noêsis, institut consacré à l'étude des états modifiés de conscience. Elle est alors submergée par les nombreux témoignages de détresse et de souffrance des expérienceurs, qui ne parviennent pas à intégrer leur vécu dans le monde dans lequel ils évoluent. Elle fait alors la connaissance d'un psychothérapeute, Claude Charles Fourrier, qui, ayant fait lui-même une expérience d'état de conscience modifié, va pouvoir l'aider dans sa tâche. Nous sommes en 2003. L'institut ISSNOE vient de voir le jour.

L'institut ISSNOE de Sylvie Dethiollaz a écouté avec beaucoup de respect des centaines de personnes s'exprimer sur leurs EMP ou leurs OBE. Certaines ont accepté gentiment de participer à une série de tests et d'expériences pour vérifier que leur CIE avait la possibilité de décrire des sites éloignés de leur « corps terrestre ». Bon nombre de tests sont probants. Un cas cependant force l'admiration de Sylvie Dethiollaz et

Claude Charles Fourrier : celui de Nicolas Fraisse. Celui qui un jour leur déclara :

> « Je suis malade au fond de mon lit, impossible de me rendre à l'anniversaire de mon ami…, et pourtant j'y suis…, hors de mon corps…, je vois tout, j'entends tout, je pénètre les pensées de personnes présentes… Le lendemain, j'appelle mon ami, qui me confirme tout ce que je lui décris… »

Pendant dix ans, Sylvie et Claude Charles vont tâtonner, tester et sans cesse repousser les limites de Nicolas Fraisse, qui prétend pouvoir sortir de son corps à volonté depuis sa plus tendre enfance. Et les résultats sont probants. Ils font l'objet d'un ouvrage[19] qui soulève des questions essentielles quant à la véritable nature de la conscience.

Le concept de CIE pour expliquer le cas Nicolas Fraisse

Les prouesses époustouflantes du jeune homme, qui est aussi doué pour les « sorties de corps » que pour la télépathie, la médiumnité ou encore la voyance, démontrent de façon magistrale que mon hypothèse de conscience

---

19. Dethiollaz S., Fourrier C. C., *Voyage aux confins de la conscience. Dix années d'exploration scientifique des sorties de corps. Le cas Nicolas Fraisse*, Guy Trédaniel éd., 2016.

intuitive extraneuronale tient la route. En effet, Nicolas Fraisse a la chance de pouvoir se brancher à volonté sur sa CIE sans que celle-ci soit éludée par sa CAC. Il a donc autant de facilités pour nous relater ses déplacements dans le temps et dans l'espace que pour communiquer par télépathie avec la CIE de personnes vivantes ou décédées.

Tous ceux qui s'intéressent au *remote viewing* connaissent le nom de Joseph McMoneagle[20]. Cet homme est probablement le sujet psi[21] le plus célèbre dans ce domaine, puisque son don de vision à distance fut utilisé jusqu'au milieu des années 1990, pour une étude conduite à des fins d'espionnage militaire par les services secrets américains et le Stanford Research Institute dans le cadre du *Stargate Project*[22]. Les résultats tout à fait exceptionnels que ce sujet d'étude a obtenus dans le cadre d'investigations militaires sont, encore aujourd'hui, longuement commentés dans

---

20. McMoneagle J., *Remote Viewing Secrets : the Handbook for Developing and Extending your Psychic Abilities*, éd. Hampton Roads Publishing Co, 2000.

21. Sujet ayant des perceptions extrasensorielles.

22. Le « projet Stargate » est le nom de code d'un des sous-projets du gouvernement fédéral des États-Unis, afin d'investiguer la réalité et les applications potentielles, tant militaires que civiles, des phénomènes psychiques, plus particulièrement la « vision à distance ».

tous les médias du monde, car ils démontrent de façon évidente que la conscience peut donner des informations situées à distance du corps physique.

Joseph McMoneagle est né le 10 janvier 1946 à Miami, en Floride. Si beaucoup sont au courant de ses talents dans le *remote viewing*, peu de personnes savent que cette faculté lui a été offerte à la suite d'une EMP, et que ce sympathique Américain est également doué de facultés télépathiques et de visions dans le temps. Il a en effet été capable de prédire aussi bien des événements futurs que de révéler des périodes particulières du passé.

L'aventure de Joe McMoneagle commença dans un village autrichien. Ce jour-là, Joe eut une attaque cardiaque alors qu'il dînait avec sa femme et un ami. À l'apéritif, il prit un verre, et, après avoir bu une gorgée, il se sentit très mal. Il quitta la table et se dirigea vers la sortie du restaurant. Il se retrouva ensuite debout sur le pavé devant l'entrée, regardant ses mains et la pluie qui passait au travers, sans savoir comment il était arrivé là, ni comment des gouttes d'eau parvenaient à transpercer ses paumes. Il jeta un coup d'œil vers la porte et vit un corps allongé en travers : le sien ! Quand il vit que son ami tentait des massages cardiaques sur son corps physique, il comprit que ça allait vraiment mal pour lui. À chaque pression sur la poitrine, il sentait une sorte de déclic, comme un coup de poignard douloureux, et, pendant un instant, il revoyait à travers ses véritables yeux avant de retourner dans sa position d'observateur éloigné.

Quand les secours arrivèrent et mirent son corps dans l'ambulance, l'esprit de Joe se mit à voler près du véhicule, suivant les lignes électriques le long de la route et accompagnant le convoi jusqu'aux urgences d'un hôpital. Le personnel médical appliqua le défibrillateur sur sa poitrine, et celui que l'on tentait en vain de réanimer se sentit avancer dans un tunnel. Une lumière blanche l'enveloppa, cette même lumière qui apparaissait dans ses cauchemars récurrents, mais ce n'était pas la mort qui l'attendait. C'était Dieu, irradiant un amour inconditionnel.

Le concept de CIE pour expliquer le cas Joe McMoneagle

L'EMP de Joe l'a subitement connecté à sa CIE en bloquant momentanément sa CAC. Son expérience fut suffisamment forte et intense pour lui permettre de découvrir, et de reproduire par la suite, toutes les possibilités offertes par cette forme particulière de conscience : connexion aux informations divines (sentiment de revenir à la vie pour accomplir une mission de Dieu), mais aussi aux informations issues d'autres lieux géographiques (vision à distance), aux informations temporelles (vision du passé et du futur), et à celles issues de la CIE d'autres personnes (possibilités télépathiques). Curieusement, je n'ai pas trouvé dans la littérature d'expériences médiumniques chez ce sujet. Il est probable que les contacts avec la CIE des défunts ne le motivent pas assez, car il doit être en mesure de les réaliser avec autant de facilité que son désormais légendaire *remote viewing*.

L'amour inconditionnel (*voir annexe 5, page 223*)

Quand la CIE de sujets vivants se connecte à des informations divines, elle se place en situation d'amour inconditionnel. Notre CIE est connectée à la conscience divine chaque fois que nous sommes dans l'amour inconditionnel ; un amour gratuit, au service de l'autre ; un amour qui n'attend rien en retour. Il nous conduit à nous dépasser, à nous sublimer sans que nous puissions en expliquer la ou les véritables raisons. Une sorte de pulsion déraisonnable, non calculée, non analysée, totalement déconnectée de la CAC.

Ce peut être un père de famille qui, au péril de sa vie, se jette dans l'eau froide d'un lac pour sauver un enfant qu'il ne connaît pas et qui est sur le point de se noyer. C'est quelqu'un qui fait traverser la rue à une femme handicapée. C'est une personne qui applique ses mains sur le thorax d'une autre atteinte d'un zona en récitant des prières dans le seul but de la soulager. C'est une marche silencieuse organisée après un attentat terroriste. C'est une action caritative ou humanitaire. C'est ce petit frisson qui nous envahit chaque fois que nous faisons quelque chose de bien. Mais c'est aussi une des réponses à faire à l'être de lumière rencontré dans les NDE quand il demande : « Qu'as-tu fait de ta vie ? Qu'as-tu fait pour les autres ? »

6

Interactions
entre la CIE et la CAC

Voir annexe 4, page 223.

Quand la CAC est activée

Dès que la CAC est activée, la CIE est inhibée. Plus la CAC est puissante et développée, plus il sera difficile de recevoir des informations de la CIE. Les individus formatés par de longues études universitaires auront très peu d'intuitions ou de prémonitions. Ils n'auront que peu de chances d'obtenir des contacts médiumniques ou télépathiques, car ils ne sauront pas faire taire le bruit assourdissant et permanent de leur CAC pour écouter leur CIE.

À l'inverse, les enfants âgés de moins de 7 ans n'auront que très peu de CAC, car les apprentissages scolaires et familiaux n'auront pas encore eu le temps de la développer. Leur CIE pourra donc s'exprimer d'autant plus facilement. Effectivement, beaucoup d'enfants jouent avec des amis invisibles, perçoivent leurs anciennes existences terrestres (quand il y en a) ou voient passer dans des lieux d'habitation des esprits qu'ils sont les seuls à voir. Voici par exemple le témoignage troublant de Marie-Thérèse, une infirmière à la retraite, qui m'écrit régulièrement pour m'exprimer son soutien :

> « Quand mon petit-fils est venu pour la première fois dans notre maison familiale, située près de Dunkerque, il nous a dit avoir vu à l'étage un homme qu'il nous a décrit. Il nous a fait le portrait d'un homme en uniforme avec un képi et des moustaches orange. Son arrière-grand-oncle Eugène, qui avait vécu un temps dans cette maison et que je n'ai personnellement pas connu, était paraît-il un rouquin à moustache qui était un militaire de haut rang pendant la Première Guerre mondiale. Mon petit-fils ne pouvait pas avoir vu préalablement la couleur de ses moustaches sur une photo puisqu'à cette époque elles étaient toutes en noir et blanc. »

Quand la CIE est activée

Dès que la CIE est activée, la CAC est inhibée. En période de méditation ou de médiumnité, toute analyse rationnelle devient très compliquée, voire totalement impossible. Si on interroge un médium après sa séance, et j'ai eu la chance d'en questionner beaucoup, on constate qu'il n'a qu'un vague souvenir de ce qui s'est passé pendant qu'il délivrait ses messages. La plupart du temps, les médiums ignorent même ce qu'ils ont dit. Les notions de temps et d'espace s'estompent. Ils n'ont, le plus souvent, aucune idée de la durée de leur prestation et oublient presque dans quelle ville ils se trouvent ; j'exagère à peine. Je connais un médium qui, à la fin de sa séance, pensait se trouver à Royan alors qu'il était à Vichy !!! Il se reconnaîtra s'il fait l'effort de lire ce livre, que je vais lui offrir...

Quand la CAC est inhibée

Dès que la CAC est inhibée, la CIE entre en action. La CAC est inhibée à différentes occasions :

– pendant le sommeil physiologique ;
– pendant le coma ;
– pendant l'anesthésie générale ;

- pendant l'arrêt cardiaque ;
- pendant la méditation ;
- pendant l'hypnose ;
- pendant la transe chamanique[1] ;
- pendant l'utilisation de substances psychotropes comme le LSD[2] ;

---

1. La transe chamanique est un « état second » induit par un chaman. Le chaman, chamane (ou encore shaman), est un être humain qui se présente comme l'intermédiaire ou l'être intercesseur entre l'humanité et les esprits de la nature. À la fois sage, thérapeute, conseiller, guérisseur et voyant, il a une perception du monde que l'on qualifie aujourd'hui d'holistique dans son sens animiste. L'animisme (du latin *animus*, originairement « esprit », puis « âme ») est la croyance en des génies protecteurs, en un esprit, une force vitale, animant les êtres vivants, les objets, mais aussi les éléments naturels, comme les pierres ou le vent.

2. Le LSD ou diéthylamide d'acide lysergique est un psychotrope hallucinogène. Stanislav Grof, né à Prague (Tchécoslovaquie) en 1931, est un psychiatre tchèque, pionnier dans la recherche des états modifiés de conscience, qui a fréquemment utilisé le LSD chez ses patients pour les brancher à leur CIE. Il relate ses découvertes dans un livre : *L'Ultime Voyage : la conscience et le mystère de la mort*, Guy Trédaniel éd., 2009.

– l'iboga[3] ;
– l'ayahuasca[4].

Nous avons déjà décrit l'éveil de la CIE pendant le sommeil physiologique, le coma, l'anesthésie générale et l'arrêt cardiaque, et nous développerons plus loin l'inhibition de la CAC par l'hypnose, mais nous n'avons pas encore évoqué les états de conscience modifiés volontairement induits pour entrer en connexion avec

---

3. L'iboga est une plante africaine connue pour ses pouvoirs hallucinogènes, mais aussi pour ses actions favorables au sevrage des toxicomanes. En 1962, un jeune toxicomane, Howard Lotsof, expérimente avec six compagnons une nouvelle substance hallucinogène dont lui a parlé un ami chimiste : l'ibogaïne. Contre toute attente, après trente-six heures d'expérience, le jeune Américain et ses amis, tous accros à l'héroïne ou à la cocaïne, se sont libérés de leur dépendance. Un sevrage définitif pour Howard Lotsof et d'au moins six mois pour les amis qui l'accompagnaient dans cette investigation.

4. Le terme « ayahuasca » est formé de l'agglutination de deux mots péruviens : *aya*, qui se traduit par mort, défunt, mais aussi âme ou esprit, et *huaska*, qui veut dire corde ou liane. « Ayahuasca » signifie donc la « liane des esprits ». Ce breuvage d'origine végétale, qui relie notre monde à celui des esprits comme le ferait une corde, est consommé traditionnellement par les chamans des tribus indiennes d'Amazonie pour ses capacités curatives, mais aussi pour communiquer avec le monde spirituel.

la CIE, par l'intermédiaire de transes chamaniques ou par l'utilisation de substances psychotropes.

De nombreux livres et articles de magazines relatent des expériences psychédéliques vécues avec des substances hallucinogènes ou en compagnie de chamans. Tous ces textes démontrent bien que les états de conscience modifiés obtenus associent les différents effets de la CIE : le contact avec les esprits (médiumnité), l'obtention d'informations relatives au futur (voyance), l'omniscience et la sensation d'appartenir au grand Tout (connexion à la conscience universelle), l'intrusion dans l'esprit du chamane et/ou dans celui d'autres participants à la séance (télépathie) et enfin, parfois, le sentiment d'amour inconditionnel (divine connexion).

Parmi tous les témoignages que j'ai reçus sur ces stupéfiantes expériences, j'ai retenu celui d'Hélène, une coiffeuse de 43 ans, partie à Iquitos, en Amazonie péruvienne, pour y retrouver un chaman réputé. Je passe sur les événements et les singulières péripéties qui l'amenèrent face à ce chaman, pour ne rapporter que son expérience transcendante :

> « J'oubliais les maux de ventre provoqués par la prise d'ayahuasca. Je n'avais plus rien à vomir, mon estomac et mes boyaux étaient aussi vides que ma

tête. Je ne voyais plus que les yeux du chaman et son tambour. Le temps n'existait plus. Le chaman se transformait de plus en plus en serpent géant. Sa tête avait la forme d'une tête de cobra et son corps ondulait comme celui d'un cobra. Mon esprit s'envola au-dessus de ma tête et je me mis à penser à ma fille, restée en France. Je la vis prendre son petit déjeuner dans ma cuisine avec son copain, et je me suis mise à sourire en pensant qu'elle profitait de mon absence pour faire des galipettes la nuit chez moi. J'ai pu vérifier plus tard que ce que j'avais vu ce matin-là dans ma cuisine était bien vrai. Je me suis élevée, et je montais, aspirée par une force protectrice qui m'enveloppait. Je montais assez vite et, dans cette montée, il y avait des gens autour de moi qui me regardaient monter. Puis, ensuite, ma montée s'est ralentie un peu et il y avait de plus en plus de monde autour de moi, des personnes lumineuses et jeunes, en pleine forme. J'ai reconnu ma grand-mère, morte depuis longtemps, mais elle m'est apparue très jeune, bien plus jeune que moi. Nous étions dans un paysage magnifique qui faisait un peu magique. C'était un peu comme si quelqu'un avait voulu peindre le paradis. Les couleurs étaient très vives et il y avait des fleurs énormes et très colorées. Les arbres étaient assez petits, mais leurs fruits étaient énormes et également très colorés. Ma grand-mère parla avec moi par télépathie pour me rassurer. Elle me dit que ce que je voyais était normal et que ce que j'avais connu sur terre était anormal. Elle me dit aussi que la vraie vie était là, dans ce paradis, et non sur terre. Elle me dit que je n'allais pas rester ici et qu'il me fallait repartir en changeant ma vie. Je suis repartie de cet endroit, mais pas pour revenir sur terre, pour monter encore plus haut et encore plus vite. Arrivée à ce stade, tout devenait minuscule et de plus en plus lumineux. Je suis devenue un tout petit fragment de lumière, une petite étincelle, et j'étais entourée de millions d'étincelles qui m'aimaient d'une façon incroyable, comme je n'ai jamais été aimée de toute ma vie. J'ai su que j'étais devant Dieu. Ensuite, un flash lumineux m'a ébloui, et je me suis retrouvée dans mon corps. Mes lèvres touchaient le sol en terre battue, mes cheveux étaient collés par mon vomi séché. Je compris que j'avais perdu connaissance. J'étais bien incapable de dire combien de temps avait duré mon voyage… »

L'expérience d'Hélène pourrait être qualifiée de mystique. On retrouve dans son texte les différentes perceptions extrasensorielles de la CIE : la sortie de corps, la délocalisation dans sa cuisine, pourtant très éloignée de l'endroit où elle était, le contact médiumnique avec sa grand-mère décédée, la relation télépathique avec elle, et, enfin, et peut-être surtout, l'amour inconditionnel de la relation divine. Quand j'ai lu son récit, j'ai immédiatement pensé à celui du père Jean Derobert[5]. Ce prêtre a vécu, lui aussi, un voyage dans l'au-delà en août 1958, pendant la guerre d'Algérie, alors qu'il était au service de santé des armées. Il y a dans sa singulière aventure de nombreuses analogies avec le voyage d'Hélène, en particulier dans sa séquence événementielle. On pourrait penser qu'il n'y a pas grand-chose de commun entre un religieux et une coiffeuse. Et pourtant... Je laisse au lecteur le soin d'en juger :

> « Un soir, un commando FLN[6] attaqua notre village, et je fus bientôt maîtrisé et mis devant une porte avec cinq autres militaires, et, là, nous fûmes fusillés. Je me souviens que je n'ai pensé ni à mon père ni à ma mère, dont j'étais pourtant le fils unique, mais j'éprouvais seulement une grande joie, car "j'allais

---

5. Le père Jean Derobert est né en 1934 à Annecy. Ordonné prêtre en 1962, il fit ses études ecclésiastiques au Séminaire français de Rome. Après avoir été vicaire, directeur d'études et chapelain à la basilique du Sacré-Cœur de Montmartre, il exerça son ministère à Marseille. Il quitta ce monde le 24 mai 2013, alors qu'il résidait depuis 2011 chez les petites sœurs des pauvres du quartier des Chartreux.

6. Front de libération nationale algérien.

voir ce qu'il y a de l'autre côté". J'avais reçu, le matin même, une carte de la part de Padre Pio avec deux lignes manuscrites : "La vie est une lutte, mais elle conduit à la lumière." Immédiatement, je fis l'expérience de la "décorporation". Je vis mon corps à côté de moi-même, couché et sanglant au milieu de mes camarades tués, eux aussi. Et je commençai une ascension curieuse dans une sorte de tunnel. De la nuée qui m'entourait, émergeaient des visages connus et inconnus. Au début, ces visages étaient sombres ; il s'agissait de gens peu recommandables, pécheurs, peu vertueux. Mais, à mesure que je montais, les visages rencontrés devenaient plus lumineux.

Je m'étonnais de ce que je pouvais marcher…, et je me dis que, pour moi, j'étais hors du temps, donc déjà ressuscité… Je m'étonnais de voir tout autour de ma tête sans me retourner… Je m'étonnais de n'avoir rien ressenti des blessures occasionnées par les balles de fusils…, et je compris qu'elles étaient entrées dans mon corps tellement vite que j'avais pu ne rien sentir.

Subitement, ma pensée s'envola vers mes parents. Immédiatement, je me suis retrouvé chez moi, à Annecy, dans la chambre de mes parents, que je vis dormir. J'essayais de leur parler sans succès. J'ai visité l'appartement, notant le changement de place d'un meuble. Plusieurs jours après, écrivant à ma mère, je lui ai demandé pourquoi elle avait déplacé ce meuble. Elle m'écrivit en réponse : "Comment le sais-tu ?"

J'ai pensé au pape Pie XII, que je connaissais bien (j'étais étudiant à Rome), et, tout de suite, je me suis retrouvé dans sa chambre. Il venait de se mettre au lit. Nous avons parlé par échange de pensées, car c'était un grand spirituel.

J'ai continué mon ascension jusqu'au moment où je me suis trouvé dans un paysage merveilleux, enveloppé d'une lumière bleutée et douce… Il n'y avait pourtant pas de soleil "car le Seigneur est leur lumière…", comme dit l'Apocalypse. J'ai vu là des milliers de personnes, toutes à l'âge de 30 ans à peu près, mais j'en rencontrai quelques-unes que je connaissais de leur vivant… Telle était morte à 80 ans…, et elle semblait en avoir 30… Telle autre était morte à 2 ans…, et elles avaient le même âge…

J'ai quitté ce « paradis » plein de fleurs extraordinaires et inconnues ici-bas. Et je suis monté encore plus haut… Là, j'ai perdu ma nature d'homme et je suis devenu une "goutte de lumière". Je vis beaucoup d'autres "gouttes de lumières" et je savais qu'une telle était saint Pierre, telle autre Paul ou Jean ou un apôtre, ou tel saint… Puis je vis Marie, merveilleusement belle dans son manteau de lumière, qui m'accueillait avec un sourire indicible… Derrière elle, il y avait Jésus, extraordinairement beau, et derrière, une zone de lumière dont je savais qu'elle était le Père, dans laquelle je me suis plongé… J'ai ressenti là l'assouvissement total de tout ce que je pouvais désirer... J'ai connu le bonheur parfait... Et, brusquement, je me suis retrouvé sur terre, le visage dans la poussière, au milieu des corps sanglants de mes camarades. Je me suis rendu compte que la porte devant laquelle je me trouvais était criblée par les balles qui m'avaient traversé le corps, que mon vêtement était percé et plein de sang, que ma poitrine et mon dos étaient maculés de sang à moitié séché, un peu visqueux..., mais que j'étais intact. Je suis allé voir le commandant dans cette tenue. Il vint vers moi et cria au miracle. C'était le commandant Cazelle.

Cette expérience m'a beaucoup marqué, on s'en doute. Mais lorsque, libéré de l'armée, je me rendis auprès de Padre Pio, celui-ci m'aperçut de loin dans le salon Saint-François. Il me fit signe de m'approcher et me donna, comme d'habitude, un petit signe d'affection. Puis il me dit ces simples mots : "Oh ! Que tu as pu me faire courir, toi ! Mais ce que tu as vu, c'était très beau !" Et il borna là son explication. On comprend maintenant pourquoi je n'ai plus peur de la mort..., puisque je sais ce qu'il y a de l'autre côté. »

Ces expériences de connexion avec la CIE pourraient donner l'envie de prendre le premier vol pour Iquitos et de rencontrer le chaman qui a envoyé Hélène au paradis. Cependant, je dois ici souligner aussi une mise en garde.

S'il existe des faux médiums, les fameux «pipos» que j'ai déjà évoqués plus haut, il existe aussi des faux chamans. Effectivement, il ne suffit pas de se mettre trois plumes dans les cheveux et de se revêtir d'une peau de bête en tapant sur un tambour pour se déclarer chaman en communication avec les esprits. Et pourtant, là aussi, les imposteurs sont nombreux. Devant l'engouement actuel des expériences spirituelles censées donner des réponses à l'absurdité de nos sociétés matérialistes, des escrocs patentés s'engouffrent dans la brèche à grand renfort de tours opérateurs. Ces derniers proposent aux personnes en mal de sensations fortes des voyages initiatiques auprès de prétendus chamans. De nombreux touristes partent ainsi en Amazonie en souhaitant «goûter» l'ayahuasca. Certains locaux malintentionnés se font passer pour des chamans guérissant les maux des âmes et du corps. Il existe même des organisations *via* Internet qui proposent des stages sur la pratique des chamans en utilisant certains produits hallucinogènes qui mettent la vie en danger. D'autres vendent une «cure» pour arrêter la drogue ou l'alcool.

En 2013, au Pérou, un faux chaman, répondant au nom pompeux de «Master Mancoluto», s'est trompé dans les doses d'ayahuasca administrées pour une prétendue action

de purification. Cette erreur a entraîné la mort de Kyle
Nolan, un jeune Californien de 18 ans, venu chercher
un « nouveau départ » dans sa vie après avoir vu un film
documentaire intitulé *Stepping Into the Fire*, qui vante
les vertus de la liane magique. Master Mancoluto avoua
finalement avoir enterré le cadavre du malchanceux dans
un champ à proximité de cultures, avant de signaler
tranquillement sa disparition.

Deux ans plus tôt, Céline René Margarite Briset,
une touriste française de 43 ans, est morte d'une crise
cardiaque au Pérou après avoir ingéré de l'ayahuasca.
Elle ne savait pas que le mélange de cette substance avec
les antidépresseurs qu'elle prenait pouvait entraîner de
graves hypertensions artérielles. La maladie cardiaque
qu'elle supportait depuis des années ne résista pas au
cocktail. Le fait s'est produit au Centre touristique de
réhabilitation El Convento, situé dans les environs immé-
diats de la route Tarapoto-Yurimaguas, dans le district
de Pongo de Cainarachi, province de Lamas. L'endroit
est très connu parce qu'il reçoit régulièrement des visi-
teurs étrangers qui arrivent dans le but de connaître les
propriétés de la plante, ainsi que pour participer à des
sessions de chamanisme afin de purifier leur âme.

En 2006, deux Italiens avaient disparu en Équateur après avoir ingéré de l'ayahuasca. Leurs corps avaient été retrouvés découpés en morceaux dans un fleuve.

En dehors de plusieurs décès accidentels et de nombreuses disparitions, beaucoup de femmes ont rapporté avoir eu affaire à des prédateurs sexuels qui se faisaient passer pour des chamans. Elles affirment avoir été abusées ou violées au cours de différentes cérémonies chamaniques.

Dans son rapport 2009, la Mission interministérielle de vigilance et de lutte contre les dérives sectaires (Miviludes) a d'ores et déjà consacré un chapitre entier au danger de l'ayahuasca, classée comme stupéfiant en France, et donc interdite. « Sa prise peut se "révéler particulière-ment violente", un douloureux "voyage" sur soi-même (avec vomissements, convulsions physiques, profonde détresse mentale...), même lorsque cette substance est absorbée dans de "bonnes conditions", c'est-à-dire sous la surveillance d'un chaman expérimenté », écrit la Miviludes.

Si la Miviludes reconnaît à l'ayahuasca des « fins thérapeutiques » ou une « finalité sociale et sociolo-gique » chez les tribus amazoniennes, elle souligne qu'une consommation moderne « semble très éloignée de l'essence même et des racines profondes du chamanisme traditionnel».

Selon les autorités françaises, des centres qui proposent des stages chamaniques se sont développés au Pérou, notamment chez les tribus Yagua ou Shipibo, et au Nord-Ouest, dans un triangle délimité par les villes de Tarapoto, Pucallpa et Iquitos, ainsi qu'en Guyane. «Certains de ces centres, qui ont des relais en France, fonctionnent comme des "communautés thérapeutiques" qui vont confier l'organisation de leurs voyages à des agences spécialisées dans le "tourisme spirituel".» Mais, met en garde avec raison la Miviludes, «aucun contrôle médical et aucun soutien psychologique ne sont en général prévus pendant ces "retraites"». La plus grande prudence s'impose donc.

Quand la CIE est inhibée

Dès que la CIE est inhibée, la CAC entre en action. La CAC va trier et supprimer les informations reçues par la CIE lorsqu'elle les jugera trop dissonantes. Cette analyse extrêmement rapide n'est donc pas perceptible. Seules quelques bribes d'informations pourront être mémorisées par la CAC après cette sélection. Cela se produira dans les circonstances suivantes :

- au réveil d'un sommeil physiologique,
- au réveil d'une anesthésie générale,
- au réveil d'un coma,
- après un arrêt cardiaque récupéré par des manœuvres de réanimation,
- après une expérience mystique ou transcendante.

7

Applications cliniques

Voir annexe 6, page 224.

Nous avons vu que le concept de cette dualité qui existe entre la CIE et la CAC permet de donner une explication logique à des phénomènes qui étaient jusque-là inexpliqués. Mais, en dehors de cela, il débouche aussi sur des applications pratiques pouvant rendre d'immenses services.

Nous allons voir en détail les possibilités offertes par cette nouvelle façon d'envisager le fonctionnement de la conscience avec, dans l'ordre :

— la connexion de la CIE d'un médium avec celle d'un sujet sous anesthésie générale ;

— la connexion de la CIE d'un médium avec celle d'un sujet dans le coma ;
— la connexion de la CIE d'un sujet sous hypnose avec celle d'un défunt.

Connexion de la CIE d'un médium avec celle d'un sujet sous anesthésie générale

En ce qui concerne les expérimentations menées sur les opérés placés sous anesthésie générale, les procédures sont simples, puisque le consentement éclairé[1] peut être facilement signé lors de la consultation d'anesthésie, qui se déroule à distance de l'intervention programmée.

Je propose ces tests avec beaucoup de tact et de prudence. Cette suggestion n'est faite que lorsqu'il s'agit de chirurgies bénignes. Il ne s'agit pas d'imposer cette pratique à quelqu'un qui est déjà dans le stress d'une future chirurgie mutilante ou risquée. C'est au futur

---

1. Le consentement du malade aux soins ou aux investigations médicales qui lui sont prodigués est une obligation contractuelle obligatoire de la relation médecin-malade. Ce consentement doit être éclairé par les explications que donne le médecin à son malade. Le médecin est tenu de présenter clairement au patient les risques, les intérêts et les avantages de ce qu'il lui propose.

opéré d'en faire la demande. Je ne suis incitatif en aucune manière. Si, lors de la consultation d'anesthésie, mon interlocuteur me parle spontanément de mes livres, de mes conférences ou de mon travail dans ce domaine, je lui indique mes recherches sur les capacités des médiums à communiquer avec des opérés placés sous anesthésie générale. Et s'il me propose, sans que je lui conseille quoi que ce soit, de participer lui-même aux tests, je lui explique les détails de l'expérimentation et lui fais remplir un protocole d'accord.

D'autre part, notre code de déontologie nous interdit de favoriser l'activité commerciale d'un tiers par une publicité faisant état de notre statut de médecin. Étant donné que tous les médiums testés exercent leur art en touchant une rémunération de leurs consultants, il m'est interdit de les désigner dans mes publications ou mes conférences. Ils resteront donc anonymes dans cet ouvrage.

Cette expérimentation offre l'intérêt de vérifier que lorsque la CAC est bloquée par une anesthésie générale, les informations contenues dans la CIE de la personne anesthésiée sont perceptibles par la CIE d'une personne réputée sensible pour les recueillir. En effet, un médium qui est en mesure de communiquer les informations de la CIE d'un défunt devrait également être capable de réaliser la même prouesse avec la CIE d'un sujet vivant. On voit mal ce qui pourrait l'en empêcher. La majorité des tests que j'ai effectués sont probants. Les médiums ont été en mesure de donner des éléments précis contenus dans la CIE des patients anesthésiés, alors même que ces détails ne pouvaient être connus d'eux préalablement. En effet, quand le médium pénètre dans le bloc opératoire, le futur opéré est déjà endormi. Il ne l'a jamais rencontré auparavant et il n'a eu accès ni à ses documents administratifs ni à son dossier médical. Le sujet anesthésié est totalement immobile, et on ne peut lire sur son visage aucune expression particulière. Le personnel présent dans le bloc opératoire et le chirurgien ont pour consigne de ne communiquer aucun renseignement au médium. Une fois réveillé, le patient peut valider ou pas les éléments recueillis par le médium durant l'anesthésie générale. Dans tous les cas que j'ai pu observer, le patient ne se souvenait pas de ce qui s'était passé pendant son anesthésie, et sa période d'inconscience apparente n'était pour lui qu'un énorme trou de mémoire. Selon les dires de tous ces sujets, ils avaient vécu l'anesthésie générale comme une sorte d'interrupteur de conscience qui donnait une impression de vide complet. En particulier, ils n'avaient pas l'impression d'avoir communiqué des informations à qui que ce soit. Dès leur réveil, leur CAC avait tout effacé. Pourtant, la plupart des médiums réussirent à donner des éléments qui ne pouvaient être contenus que dans la CIE des patients. Par exemple, un médium affirma qu'une patiente anesthésiée était partie embrasser tendrement un jeune homme en uniforme de pompier et que ce beau garçon ressemblait étrangement à la future opérée. Cette dernière nous révéla à son réveil que son plus jeune frère était effectivement pompier et que celui-ci avait trouvé la mort dans un incendie alors qu'il était en mission près de Marseille, et qu'elle était très affectée par ce deuil récent. Personne, dans le bloc opératoire, n'était au courant de cette histoire.

Un autre médium révéla un détail amusant qui devait être inscrit dans la CIE du patient que j'avais endormi pour lui enlever des varices. Pendant son anesthésie, l'opéré ruminait le sale coup qu'il avait fait à un de ses amis. Il lui avait emprunté sa voiture, avait rayé sa carrosserie en faisant une mauvaise manœuvre et la lui avait rendue accidentée sans lui signaler sa maladresse. Tout cela fut également confirmé au réveil de l'opéré. Le médium se trompa cependant sur la couleur de la voiture accidentée ; il la voyait rouge, alors qu'elle était gris-métal.

Madame C. D. fut la toute première médium testée en bloc opératoire. À l'époque où je l'ai contactée, cette jeune femme était aide-soignante dans une unité de soins palliatifs. Elle a écrit en 2013 un livre sur l'accompagnement des âmes dans l'au-delà que j'ai préfacé avec grand plaisir. Dans cette biographie remarquable de sincérité, elle raconte l'anecdote que je rapporte ici.

C. D. procédait avec une collègue à la toilette mortuaire d'un patient récemment décédé lorsque l'entité de celui-ci se présenta à elle en lui demandant de ne pas oublier de lui mettre son béret et ses bretelles quand viendrait le temps de le préparer pour l'installer dans son cercueil. L'injonction du « fantôme » fut tellement insistante que C. D. en parla à sa camarade de travail. Cette dernière, pas spécialement ouverte à ce genre de confidences, se moqua sans aucune retenue des propos qu'elle venait d'entendre. Pour elle, les revenants n'existaient que dans les films d'épouvante, et il lui était tout à fait impossible de croire aux perceptions de sa partenaire de travail. Pourtant, quand elle reçut, bien plus tard, la famille venue lui remettre la housse qui contenait les habits du défunt, elle eut le souffle coupé en constatant qu'il y avait bien à l'intérieur… un béret et une magnifique paire de bretelles !

De toute évidence, C. D. était la personne toute désignée pour débuter la série d'expériences que j'envisageais de faire en bloc opératoire. Son expérience professionnelle lui permettrait d'évoluer facilement dans un secteur hospitalier qu'elle connaissait parfaitement, et l'histoire de l'esprit du mort en bretelles et béret me prouvait qu'elle possédait des capacités pour dialoguer avec la CIE des défunts très rapidement après leur décès. Ce qui est loin d'être évident, car pas mal de médiums reconnaissent être incapables d'entrer en contact avec une entité avant le sixième mois qui suit son départ dans l'au-delà. Elle accepta ma proposition avec enthousiasme.

La première patiente testée était une jeune femme qui devait bénéficier d'une chirurgie simple et sans gravité. Une fois installée sur la table d'opération, je procédai à son endormissement sans aucun problème. En plus de la monitorisation habituelle pour ce type d'intervention, je pris soin de disposer trois électrodes sur son front pour mesurer l'activité corticale de son cerveau. C. D. se tenait à mes côtés, le dos tourné à mes écrans de contrôle. Dans cette position, il lui était totalement impossible de visualiser l'électroencéphalogramme (EEG) de la malade. Le chirurgien arriva en salle. Étant au courant des recherches que je menais sur les possibilités télépathiques des personnes sous anesthésie générale, il ne fut pas surpris outre mesure de la présence de la médium dans son bloc opératoire. Je fis des présentations rapides et C. D. salua timidement celui qui avait autorisé l'expérience. Toute l'équipe était maintenant en place, prête à commencer. J'injectai une nouvelle dose de narcotique pour approfondir l'anesthésie. En moins de trente secondes, juste à l'instant où l'EEG de la future opérée plongea en dessous de 4 hertz, soit au moment même où la CAC était la plus faible (et donc la CIE la plus forte), C. D. nous dit : « Ça y est, je l'ai ! » Elle sembla se concentrer davantage en mettant les doigts sur ses tempes et poursuivit : « Elle sait que son opération n'est pas grave, mais elle me dit qu'elle se fait quand même beaucoup de souci… Elle se fait beaucoup de souci… pour son fils… oui, c'est ça, pour son fils, car elle n'aime pas le laisser seul ! » Le chirurgien, stupéfait par ce qu'il venait d'entendre, manqua lâcher son bistouri. « Ça alors, c'est incroyable ! Vous avez raison, mademoiselle. Je ne sais pas comment vous savez ça, mais ce que vous dites est vrai ! La femme qui est là ne voulait pas se faire opérer car elle a un grand garçon handicapé qui est son fils unique, et elle ne pouvait pas le laisser seul. Nous avons dû changer trois fois la date de son opération à cause de ça, car elle devait trouver quelqu'un pour le garder... Ça alors, c'est incroyable !!! »

En ce qui me concerne, j'ignorais totalement ce détail.

Une heure plus tard, en salle de réveil, j'interrogeai celle qui avait confié ses craintes à C. D. sous anesthésie générale ; non, elle ne se souvenait pas avoir communiqué quoi que ce soit à qui que ce soit ; non, elle ne pensait pas avoir pensé ou rêvé à son fils pendant son sommeil ; non, elle ne gardait aucun souvenir de cette période d'inconscience totale. Pour elle, son anesthésie générale, qui avait duré 45 minutes était un trou noir dans sa mémoire ; 45 minutes de néant. Dès son réveil, sa CAC avait tout balayé !

En dehors de valider ma thèse sur le fonctionnement de la conscience par le biais de la dualité qui existe entra la CIE et la CAC, ces expérimentations faites avec des médiums en bloc opératoire ne présentent de toute évidence aucun intérêt pratique.

En revanche, introduire des médiums dans les services de réanimation pour recueillir les informations contenues dans la CIE des comateux devrait pouvoir nous rendre d'inestimables services. Rien de plus frustrant, en effet, que de traiter un comateux, qui est apparemment inconscient, sans savoir dans quel « état d'esprit » il est. Que pense-t-il ? Que ressent-il ? Quel message veut-il donner à son entourage ? Quel est son sentiment sur les soins qui lui sont prodigués ? Que souhaite-t-il dire aux médecins et au personnel soignant ? A-t-il envie de se battre encore pour rester vivant ou, au contraire, souhaite-t-il qu'on le laisse filer dans la lumière ? Les réponses à toutes ces questions sont sans nul doute dans la CIE des personnes concernées. Et c'est à nous d'aller les chercher.

Connexion de la CIE d'une médium avec celle d'un sujet dans le coma

Le premier comateux soumis aux investigations médiumniques de C. D. était un solide gaillard un peu rustre de 60 ans. Trois jours avant, le malheureux s'était rendu aux urgences en raison de la survenue brutale de douleurs au ventre que son médecin traitant ne parvenait pas à calmer. Le scanner pratiqué sans délai avait mis en évidence la fissuration d'un volumineux anévrisme[2] de l'aorte abdominale. Ce diagnostic impose une opération rapide pour éviter une hémorragie mortelle à très brève

---

2. Malformation vasculaire secondaire à une dilatation localisée de la paroi d'une artère aboutissant à la formation d'une poche de taille variable.

échéance. J'avais endormi ce patient en catastrophe en sachant que ses chances de survie étaient très faibles. Malgré la dextérité du chirurgien, qui avait réglé le problème en moins de 60 minutes, les 3 litres de sang perdus pendant l'opération avaient lourdement grevé le pronostic vital. L'hypoxie cérébrale[3] secondaire à cette hémorragie massive avait plongé l'opéré dans un coma très profond, jugé difficilement réversible. C. D. le trouva dans cette pitoyable situation quand elle pénétra dans son box de réanimation sans connaître le moindre détail de son histoire ou de son dossier médical. Que pouvait inspirer, à un visiteur lambda, un sexagénaire totalement immobile sur un lit d'hôpital, relié à des câbles de monitoring et des pousse-seringues électriques, mis à part une certaine empathie et beaucoup de compassion ? Les seuls mouvements de ce corps presque sans vie étaient ceux d'une cage thoracique qui se soulevait 20 fois par minute grâce à un respirateur insufflant un mélange gazeux contenant 30 % d'oxygène. Le sparadrap qui fermait les paupières interdisait de lire dans les yeux du patient la moindre émotion humaine. Et pourtant… ! Pourtant, C. D., qui n'était restée qu'environ 5 petites minutes en

---

3. Manque d'apport d'oxygène au cerveau.

sa compagnie, sortit de cet improbable entretien avec une foule de renseignements. J'étais à l'extérieur pour ne pas la gêner, mais j'avais pu observer cette confrontation à travers la façade en verre. Elle était prostrée et semblait attentive. Elle hochait de temps en temps la tête, haussait les épaules ou levait ses mains au ciel avec de petits gestes d'impuissance bienveillante ou d'apaisement. C'était comme si une présence invisible lui parlait, une présence qui aurait eu la capacité de se balader tout autour du comateux, au-dessus de lui et sur les côtés.

C. D. ouvrit enfin la porte et me fit ses premières confidences. Elle avait l'air totalement épuisée.

– Ouf! Je n'en peux plus! Je suis lessivée, vidée! J'ai vu son entité, et j'ai pu lui parler. Ce monsieur est très en colère. Il fait les cent pas tout autour de son corps. Il est furieux. Il ne comprend pas ce qu'il fait là. Il m'a dit: «Je suis venu ici parce que j'avais mal au bide, et maintenant je suis là. Qu'est-ce que je fous là?» Je lui ai demandé s'il voulait rester en vie, et il m'a répondu: «C'est quoi, cette question à la con? Je veux sortir de là pour boire un coup et m'en griller une, c'est tout!» J'ai ensuite voulu savoir s'il avait quelque chose à dire à un proche ou à un membre de sa famille, et il m'a dit: «Que dalle! Je suis seul, je vis seul, je suis fâché avec toute ma famille, et c'est très bien comme ça ! Je veux partir d'ici ! » Il est très présent, il s'accroche à moi pour que je le fasse partir. Il pense qu'il est prisonnier. Il me tardait de sortir de sa chambre, mais j'ai peur qu'il me suive...

Les craintes de la médium étaient justifiées, puisque l'entité du comateux s'accrocha à elle dans l'avion qui la ramena chez elle, ainsi que plusieurs jours après cette étonnante rencontre. L'esprit réitérait ses inlassables demandes pour être délivré de la prison où il pensait séjourner.

J'étais subjugué. C. D. avait validé des détails que je connaissais et qu'elle ignorait totalement. Le vocabulaire de l'entité était bien celui employé par l'homme que j'avais endormi quelques jours plus tôt, et sa personnalité collait parfaitement avec sa description. « Le mal au bide », ça ne pouvait pas s'inventer ! Il m'avait parlé de la quarantaine de « clopes » qu'il fumait tous les jours et m'avait aussi avoué un alcoolisme chronique dont il avait bien du mal à se débarrasser. J'avais également appris par la suite qu'il vivait seul, sans famille et sans amis. Une femme qui habitait à proximité de l'appartement de ce patient haut en couleur m'informa bien plus tard, après la visite de C. D., qu'il s'était effectivement fâché avec son entourage, et que c'était son effroyable caractère qui avait fait fuir tout le monde. C. D. n'avait donc pas pu puiser ce détail dans mon cerveau par un phénomène télépathique, puisque je l'ignorais totalement au moment de sa visite.

Mais l'histoire du bonhomme ne s'arrête pas là. La suite est tout aussi surprenante. Enthousiasmé par ces premiers résultats qui validaient mon hypothèse de contact médiumnique avec les comateux, je ne pus résister à l'envie de les partager sur ma page Facebook en précisant que le comateux était maintenant dans un état désespéré et que nous nous apprêtions à le débrancher de sa machine pour le laisser partir dans la lumière. Et là, miracle ! En quelques heures, une chaîne de prière s'organisa spontanément pour demander sa guérison. Plusieurs dizaines de milliers d'internautes formèrent un égrégore[4] de pensées positives tous les jours à 20 heures. Coïncidence ou pas, l'état clinique du comateux s'améliora de façon spectaculaire. Plus question de le débrancher. Contre toute attente, le patient se réveilla sans aucune séquelle. Quelques jours plus tard, il repartit chez lui

---

4. Un égrégore est produit par un puissant courant de pensée collective. Lorsque plusieurs personnes se focalisent ensemble sur un même objet et avec une même intensité, elles développent une énergie commune. L'activité ainsi concentrée rassemble les intentions de chacun en une conscience collective qui semble porter le groupe.

ses valises à la main, en maudissant les médecins qui s'étaient occupés de lui. Je me souviendrai toujours de ses dernières paroles :

> « Je ne sais pas ce que vous avez branlé, mais je suis sûr que vous avez merdé ! C'est pas normal de rentrer à l'hosto pour un simple mal au bide et d'en ressortir trois semaines plus tard avec une balafre de cinquante centimètres sur tout le bide ! Vous aurez bientôt de mes nouvelles ! »

Nous n'avons plus jamais entendu parler de lui. Sa CAC, qui devait être très développée, avait tout effacé. Il n'avait manifestement gardé aucun souvenir de sa période comateuse. Il ne saura probablement jamais que pendant plusieurs jours, à 20 heures, des dizaines de milliers de personnes priaient pour lui. Effectivement, je doute fort qu'il lise un jour ce livre !

Il y eut après ce premier essai avec C. D. d'autres tests réalisés avec elle, mais aussi avec d'autres médiums. La plupart furent concluants et m'encouragent à poursuivre ces recherches. Je ne vais pas rentrer dans les détails de ces travaux, car ils font l'objet d'une étude spécifique que je publierai plus tard. Certains contacts médiumniques avec les comateux m'ont toutefois plus impressionné que d'autres. Je pense par exemple à celui réalisé par F. H.

un samedi matin. Cette médium ne resta que très peu de temps dans le box de réanimation d'une vieille dame qui était arrivée au stade ultime de son cancer du pancréas. Mais ce très court laps de temps fut suffisant pour que la comateuse lui communique l'heure et la date de son futur départ pour l'autre monde, ainsi que sa lassitude de devoir vivre dans ces conditions. La date et l'heure du décès furent bien celles annoncées par F. H.

D. R. est un jeune médium d'outre-mer qui avait pris connaissance de mes activités « paranormales » sur les réseaux sociaux et qui profita de son séjour en métropole pour tenter cette fameuse expérience avec moi. Ce qu'il révéla à propos d'un patient comateux qui était hospitalisé en réa depuis 18 jours a de quoi faire tomber à la renverse le plus sceptique des médecins. En effet, le malade, qui était incapable d'émettre le moindre signe par l'intermédiaire de son corps, rentra en communication télépathique avec D. R. pour que celui-ci indique à son épouse l'endroit où il avait rangé un document important qu'elle cherchait depuis plusieurs jours. Et, vérification faite, la fameuse liasse de papiers, jusque-là introuvable, était bien à l'endroit où il l'avait située.

Autre personnalité et autre style de médiumnité, Mme M. S. rentre en contact avec les morts depuis sa plus tendre enfance. Malgré un look exubérant – anneau sur la narine et cheveux teints en bleu –, la fille est assez timide ; en tout cas suffisamment pour ne pas vouloir faire publiquement état de son don. Ayant eu vent par une amie des tests que je menais, elle me contacta sans délai et nous convînmes d'un premier rendez-vous. Après plusieurs essais infructueux où aucune communication ne fut possible avec trois patients inconscients, elle se rendit dans le box d'un autre comateux, qui insista lourdement auprès d'elle pour lui signifier la présence de douleurs violentes ressenties sur sa jambe droite. Un examen sommaire me permit de constater l'absence d'anomalie à ce niveau. Mais le malade voulait être entendu et désirait surtout que l'on règle son problème. Ses demandes réitérées restant sans réponse, il reproduisit ce qu'il était supposé ressentir sur la jambe droite de la médium, qui, hurlant de douleur, me supplia d'approfondir les vérifications. Je ne pus que m'exécuter. Je prescrivis sans grande conviction un doppler veineux des membres inférieurs. Cet examen révéla une phlébite profonde du mollet droit. Le comateux avait de bonnes raisons de souffrir et de s'en plaindre !

J'ai collectionné d'autres résultats moins spectaculaires mais tout aussi surprenants. Je les réserve pour un ouvrage qui sera exclusivement consacré à cette nouvelle façon de communiquer avec les comateux. Mais, déjà, ces quelques exemples peuvent donner une petite idée de ce formidable champ d'investigation qui s'offre désormais à nous.

La connexion de la CIE d'un sujet sous hypnose avec celle d'un défunt

Cela fait maintenant plus de trois ans que j'organise des ateliers de transcommunication hypnotique ou TCH. J'ai inventé cette technique pour mettre en communication la CIE des participants avec celle de leurs défunts au moyen de l'hypnose. Par analogie avec la transcommunication instrumentale, ou TCI, qui met en communication la CIE des disparus avec notre monde par l'intermédiaire d'instruments servant à enregistrer des sons ou des images, le terme de TCH me paraît cohérent et approprié aux différentes recherches que j'ai faites dans ce domaine. Durant ces trois dernières années, j'ai pu hypnotiser plusieurs centaines de personnes dans différents lieux ; à Toulouse, bien sûr, la ville où j'exerce mon métier d'anesthésiste, mais aussi dans d'autres grandes villes de France, sur l'île de la Réunion ou encore en Suisse et au Canada. Je dois reconnaître que les résultats que j'obtiens dépassent mes espérances les plus ambitieuses et me poussent à poursuivre ces investigations.

Nous verrons dans un premier temps quels sont les grands principes de l'hypnose avant de présenter la méthode utilisée par les anesthésistes en bloc opératoire, ainsi que celle employée pour mes ateliers de TCH. Je détaillerai ensuite le déroulement d'une séance de TCH et développerai l'intérêt du questionnaire rempli par les participants à la fin de leurs expériences. Enfin, j'exposerai les résultats obtenus, qui serviront à alimenter une discussion sur les perspectives de cette technique.

Les grands principes de l'hypnose

Avant de décrire la façon dont on procède en anesthésie pour opérer des patients sous hypnose, il faut tordre le coup à un certain nombre d'idées reçues concernant cette technique.

L'hypnose ne présente **aucun danger** et n'a **aucune contre-indication médicale**. Il n'y a donc aucune raison d'être angoissé ou d'avoir peur de quoi que ce soit.

Le sujet ne sera hypnotisé que s'il le veut bien et pourra à tout moment sortir de son état hypnotique si telle est sa volonté. Il n'y a donc **aucune emprise psychologique spéciale de l'hypnotiseur sur l'hypnotisé**. Il sera, par exemple, impossible de faire commettre un meurtre ou un acte barbare à un sujet sous hypnose. J'ai pris pour habitude de dire aux participants de mes ateliers que ce sont eux qui induisent leur état hypnotique et que je ne suis là que pour faciliter cet objectif en les guidant par les indications que je leur donne.

L'hypnotiseur n'est pas un sujet doué d'un pouvoir paranormal ou détenteur d'un don spécial. C'est une personne tout à fait ordinaire qui utilise une technique spécifique qui a maintenant fait ses preuves.

L'hypnose est un processus toujours réversible. Bien qu'il existe quelques rares cas d'hypnose prolongée, aucune personne n'est restée « bloquée » en état hypnotique pour le restant de sa vie !

Les personnes hypnotisables ne sont pas des individus à la personnalité fragile qui se laissent facilement impressionner ou manipuler. Ce sont des participants qui ont décidé de vivre pleinement leur séance en suivant les instructions données pour pouvoir profiter au mieux de ce moment qui leur est consacré. Le lâcher-prise dont ils font preuve pour que l'hypnose fonctionne démontre au contraire une personnalité bien structurée, avec une bonne maîtrise des émotions et des peurs. Les meilleurs résultats que j'ai pu obtenir se trouvent dans la population des personnes qui ont l'habitude de méditer par des techniques particulières : yoga, reiki ou autres méthodes de relaxation.

L'hypnose consiste à faire descendre l'activité électrique corticale du cerveau dans la zone du rythme thêta[5], où la CAC s'éteint. La CAC est, dans ces situations, très faible, mais encore présente, de sorte que le sujet hypnotisé pourra à n'importe quel moment de son choix sortir de

---

5. **Rythme gamma :** supérieur à 24 Hz et pouvant atteindre 40 Hz. Cette zone est celle d'une intense activité cérébrale. Les personnes sont très concentrées ou réfléchissent beaucoup. La CAC fonctionne à plein régime.

Rythme bêta : de 12 à 24 Hz. L'activité cérébrale est soutenue. C'est la zone dans laquelle nous nous situons tout au long de la journée (en dehors des périodes de sieste ou de somnolence). Les personnes réalisent les actes courants de la vie, par automatisme et sans trop réfléchir. La CAC fonctionne mais au ralenti.

Rythme alpha : de 8 à 12 Hz. L'activité cérébrale est faible. C'est la zone de l'apaisement du repos. Les personnes ont les yeux fermés et sont en période voisine de la somnolence. La CAC ne fonctionne presque plus.

Rythme thêta : de 4,5 à 8 Hz. L'activité cérébrale est très faible. Les personnes sont somnolentes, en période de méditation ou sous hypnose. La CAC est éteinte ou extrêmement ralentie.

Rythme delta : en dessous de 4 Hz. L'activité cérébrale est éteinte. Se voit chez les très jeunes enfants, dans les périodes de sommeil profond, dans les états de mort clinique. La CAC ne fonctionne plus du tout.

la séance et reprendre le contrôle de sa conscience s'il juge (ou analyse) que ce qu'il vit ne lui convient plus. Dans cette zone thêta, atteinte par des techniques de relaxation et de décontraction, les suggestions de l'hypnotiseur deviennent les propres pensées de l'hypnotisé ; elles seront les instructions données au cerveau. Il ne s'agira pas ici de transformer en clown un volontaire sélectionné sur une scène de music-hall, comme le fait Messmer dans ses impressionnants spectacles, mais plutôt d'amener celui ou celle qui est hypnotisé dans un voyage ou une situation particulière qui finira de le couper des perceptions sensorielles de sa CAC.

Les principes de l'hypnose utilisée par les anesthésistes en bloc opératoire.

Les patients qui souhaitent être opérés sous hypnose sont de plus en plus nombreux, car ce mode d'anesthésie, autrefois très marginal et donc très controversé, tend à se développer grâce à des techniques qui ont prouvé leur efficacité. L'avantage de cette méthode est qu'elle évite les effets secondaires d'une anesthésie générale et ses complications éventuelles. Les suites opératoires sont également plus favorables, avec des retours à domicile plus rapides. Le vécu du patient est par ailleurs très différent, car il sort de son rôle passif pour devenir acteur de sa propre intervention. En effet, il doit se concentrer sur l'hypnose pour qu'elle soit efficace. Il se découvre donc des compétences insoupçonnées.

Lors de la consultation faite à distance de la chirurgie programmée sous hypnose, l'anesthésiste explique au patient la technique qui va être employée pour l'opérer et se renseigne sur ses loisirs, ses activités, sur les pays qu'il aime visiter ou les lieux où il aime bien se trouver. Les suggestions qui seront utilisées tiendront compte de ses choix. Imaginons par exemple que le futur opéré fasse de l'aquarelle. L'anesthésiste pourra utiliser cette information pour plonger l'hypnotisé dans une situation où celui-ci est en train de peindre un tableau, faisant glisser voluptueusement son pinceau sur sa toile après avoir trouvé la couleur qui lui convient. On pourra évoquer les poils du pinceau imbibés d'eau et de peinture, le fondu des teintes qui se mélangent, les formes qui se précisent, ainsi que tous les détails de la scène. Ce « voyage » suggéré coupera la CAC des perceptions sensorielles, et notamment de la perception douloureuse du bistouri. L'hypnotiseur devra s'adapter aux différents temps chirurgicaux. Par exemple, s'il y a une période opératoire plus difficile à gérer et si la suggestion repose sur une promenade à vélo, l'anesthésiste pourra faire imaginer à son patient qu'il est en train de monter une côte assez pentue qui débouchera bientôt sur une belle descente.

Il n'y a aucun danger ni aucune contre-indication médicale à être opéré sous hypnose, car, en cas d'échec, l'anesthésiste pourra convertir à n'importe quel moment sa séance d'hypnose en anesthésie générale, en injectant un produit intraveineux qui endormira totalement son patient. Il est donc plus prudent de brancher une perfusion avant la séance pour se réserver cette possibilité en cas de nécessité.

Le principe de l'hypnose utilisée dans mes ateliers de TCH

Le but de la TCH n'est pas d'inhiber la CAC pour supprimer les perceptions douloureuses d'une chirurgie. Ici, cette inhibition se fera afin d'activer la CIE pour rechercher un contact avec celle des défunts. La technique hypnotique sera la même que celle employée par les anesthésistes qui travaillent en bloc opératoire. En revanche, la suggestion mise en place lors de la séance sera bien différente puisqu'il s'agira de reproduire un voyage très particulier : celui vécu lors d'une EMP. On y retrouvera la même séquence événementielle : la sortie de corps, l'entrée dans le tunnel, l'arrivée dans la lumière d'amour inconditionnel, la sensation de bien-être absolu, et enfin, éventuellement, un contact avec les défunts. Le retour se fera en sens inverse après un moment de prière intérieure pour remercier l'au-delà. Chacun le fera à sa manière : en priant Dieu, en remerciant ses guides ou en récitant le texte d'une prière personnelle.

Lorsque j'ai débuté ces ateliers, ma plus grande crainte était que les participants se fassent envahir par des esprits du bas astral entraînant des phénomènes de possession. Pour pallier cet inconvénient rédhibitoire, je me suis entouré des conseils de personnes réputées compétentes dans ce domaine ; ceux de médiums que je connais ainsi que ceux de deux prêtres qui ont l'habitude de pratiquer des exorcismes. Tous mes ateliers sont protégés par un protocole de prières adaptées. J'avais également pu constater que les séances de TCI sont protégées de la même manière. La prière est donc indispensable pour pratiquer ces séances de TCH.

Au fil des séances, ma technique hypnotique s'est améliorée. J'ai eu la chance de rencontrer Marc Leval[6], qui a choisi de s'investir à mes côtés pour développer et perfectionner la TCH. Homme de communication,

---

6. www.abctalk.fr.

journaliste d'investigation qui a fait ses preuves aussi bien sur les grandes chaînes de télévision que sur les antennes de radios nationales, comme actuellement Sud Radio, Marc est devenu un ami avec lequel je partage la joie et les émotions des résultats obtenus. Il a su immédiatement me faire confiance pour ce projet ambitieux en donnant de son temps, de son énergie et aussi de son argent, puisqu'il a investi dans l'achat d'un matériel coûteux : 40 casques audio haute définition, une table de mixage pour que ma voix se pose sur une musique adaptée à l'hypnose, 40 fauteuils relaxants, tout le système de câblage électrique… Bref, il a su me faire confiance. Qu'il en soit ici remercié.

Le déroulement de la séance de TCH

La durée totale de la séance est de trois heures, mais les participants ne sont sous hypnose que pendant seulement une quarantaine de minutes.

Dans une première partie, qui dure environ une heure, j'explique ma démarche, les buts et les attentes de la TCH. J'expose mon concept de CIE et de CAC ainsi que les principes et le fonctionnement de l'hypnose tels que je les ai détaillés plus haut. Il s'agit surtout de rassurer l'auditoire, car il y a encore beaucoup de craintes et de fantasmes non fondés par rapport à l'hypnose. Les 40 participants sont assis sur des fauteuils classiques derrière une table de conférence disposée en «U», sur laquelle se trouve un questionnaire individuel qui sera complété en fin de séance. Ils ont devant eux un fauteuil relaxant et un casque HD relayé par câble à une table de mixage.

Une première pause de 15 minutes est nécessaire pour assimiler tranquillement les informations données dans la première partie. Dans ce petit créneau, j'ai pour habitude d'offrir (et non de vendre) à chaque participant un de mes livres, dédicacé. C'est l'occasion pour moi d'établir une relation individuelle en échangeant quelques mots.

La deuxième partie est de la même durée que la première. Cette heure est dédiée à la séance d'hypnose. Les participants s'installent sur leurs fauteuils relaxants. Je prends une dizaine de minutes pour leur expliquer la manière de détendre leurs muscles et la façon de respirer en privilégiant la respiration abdominale par rapport à la respiration thoracique. Je leur détaille des points particuliers qui seront repris pendant l'hypnose ; la méthode d'ancrage au sol et la présentation des 7 points énergétiques du corps : les 7 chakras des yogis, qui seront activés avant l'expérience de sortie de corps. Je leur demande ensuite d'éteindre leur portable, de mettre leur casque et de fermer les yeux. Je leur souhaite un bon voyage. L'hypnose peut commencer.

Une deuxième pause de 15 minutes s'impose à la sortie de l'hypnose. L'émotion est grande et palpable. Pas mal de mouchoirs sortent des poches, mais ce ne sont pas des larmes de tristesse que l'on efface ; comme me l'a fort justement dit une participante : « Ce sont des larmes de joie et d'émotion. »

Après avoir récupéré, il est temps que tous regagnent leur fauteuil classique et remplissent le petit questionnaire qui leur est proposé.

La troisième et dernière partie, qui dure une trentaine de minutes, est consacrée aux résultats obtenus dans les questionnaires remis et à la discussion avec les participants, qui pourront également m'écrire dans un deuxième temps une fois qu'ils auront « digéré » leur TCH. Ce retour est pour nous très important, car il permet de progresser et d'améliorer la qualité des séances. Par exemple, nous avons décidé l'achat de 40 fauteuils relaxants en apprenant que beaucoup de participants se plaignaient de douleurs cervicales après l'hypnose. Les personnes hypnotisées, ayant tous leurs muscles relâchés, basculaient leur tête en avant ou sur le côté sans pouvoir l'appuyer sur un support. Elles se réveillaient 40 minutes plus tard avec un « mal au cou » tenace. Désormais, ce reproche n'existe plus.

Le questionnaire de fin de séance de TCH
(*voir annexe 7, page 225*)

Il suscite quelques commentaires.

Il est important de jeter sur le papier ses premiers ressentis. Il faut le faire le plus tôt possible après l'hypnose, avant que la CAC vienne censurer les informations données par la CIE. Un des participants m'a dit : « Je suis bouleversé par ce que j'ai vu, mais c'est dommage, je ne me souviens pas de tout… » Et, pourtant, il me fit cette réflexion en remplissant son questionnaire, soit à peine quelques minutes après la sortie de son état hypnotique. Le voyant l'air songeur avec son crayon à la main, je suis allé vers lui pour savoir ce qui le bloquait, et voilà ce qu'il m'a répondu.

J'ai choisi de poser 10 questions simples aux participants. Ils ne peuvent répondre que par oui ou par non, impossible pour eux de cocher la case « peut-être » puisqu'elle n'existe pas.

Les questionnaires sont anonymes pour donner la liberté totale à leurs rédacteurs, qui peuvent tout à fait exprimer leur mécontentement s'ils le désirent dans la case intitulée « remarques et suggestions ». La fiche signalétique est classique : âge, sexe et profession. Mais j'ai tenu à demander la religion pour savoir si celle-ci avait un impact sur l'expérience. Il m'a également paru important de savoir si le participant avait ou pas l'habitude de pratiquer la méditation et si c'était la première fois qu'il participait à une séance d'hypnose. Enfin, comme dans tout sondage d'opinion, le participant exprime le sentiment global qui est le sien en fin de séance en indiquant s'il est : très satisfait, plutôt satisfait, déçu, ou très déçu.

Les résultats

Voici les résultats, qui reposent sur l'étude de 320 questionnaires.

***Âge** : la moyenne d'âge est de 46 ans. Le plus jeune avait 19 ans et la plus âgée, 85 ans.

***Sexe** : 59 % de femmes et 41 % d'hommes.

***Profession :**
– enseignants dans le domaine du coaching : professeurs de yoga, de reiki, hypnothérapeutes, médiums, etc : 21 %
– personnel de santé : infirmiers, aides-soignants : 18 %

- enseignants du service public : 15 %
- professions libérales, chefs d'entreprise : 13 %
- retraités : 10 %
- étudiants : 9 %
- médecins : 7 %
- sans profession : 5 %
- autres : 2 %

*Religion :
- catholiques : 42 %
- sans religion particulière : 40 %
- bouddhistes : 6 %
- protestants : 7 %
- autres : 4 %
- musulmans : 1 %

*Dans leur quotidien :
- 39 % ont l'habitude de pratiquer la méditation.
- 96 % des sujets interrogés participaient pour la première fois à une séance d'hypnose.

*Durant la séance :
- 97 % des sujets sont parvenus à se relaxer et à suivre les suggestions qui leur étaient faites.
- 94 % des sujets sont parvenus à ressentir la relaxation de tous leurs muscles.

- 64 % des sujets sont parvenus à ressentir les transmissions énergétiques.
- 82 % des sujets sont parvenus à avoir la sensation de quitter leur corps.
- 65 % des sujets sont parvenus à avoir la sensation d'être mis en contact avec un défunt.
- 35 % des sujets pensent avoir pu communiquer avec un défunt.
- 22 % des sujets pensent avoir reçu des informations du défunt.

*La séance fut :
- très satisfaisante pour 22 % des participants ;
- satisfaisante pour 54 % ;
- décevante pour 21 % ;
- très décevante pour 3 %.

Discussions et perspectives

Ces séances furent donc satisfaisantes ou très satisfaisantes pour 76 % des participants. Elles sont par conséquent perfectibles. Encore faudrait-il connaître le ou les motifs d'insatisfaction, qui ne tiennent peut-être pas qu'aux résultats obtenus. Un pourcentage semble en effet discordant : 65 % des sujets sont parvenus à avoir la sensation d'être mis en contact avec un défunt, mais seulement 22 % jugent leur séance très satisfaisante. Il y a donc 43 % des participants qui, malgré cet improbable contact, n'ont pas été très satisfaits. Peut-être ces personnes ont-elles regretté de ne pas avoir pu communiquer avec le défunt, ou de ne pas avoir obtenu de lui des informations précises, puisque seule une minorité y est parvenue (respectivement 48 % et 22 % de succès dans ces deux items) ? On peut tout de même imaginer que les 65 % de ceux qui ont obtenu un contact font partie des 76 % de satisfaits ou très satisfaits. On peut également supposer que 11 % (76 % – 65 %) de ceux qui n'ont obtenu aucun contact avec un défunt sont malgré tout satisfaits de leur séance.

Un autre pourcentage est également intéressant à connaître : 89 % des sujets qui ont l'habitude de méditer ont eu la sensation d'être mis en contact avec un défunt. C'est également dans cette population que l'on retrouve les meilleurs scores pour tous les autres items. Rien de bien étonnant, puisque ces personnes ont des facilités pour mettre leur CAC en veilleuse pendant l'hypnose.

D'autres statistiques croisées seraient intéressantes à faire. Je m'y emploierai dans un autre ouvrage qui sera exclusivement consacré à la TCH dès que j'aurai dépassé le millier de participants.

Pour terminer ce chapitre consacré à la TCH, voici quelques témoignages publiés avec l'autorisation de leurs auteurs.

Tout d'abord, celui de Geneviève Delpech, qui fit un rapide aller-retour Paris-Toulouse pour participer à mon atelier. Je lui avais déjà fait une séance privée d'hypnose chez moi où elle avait retrouvé son époux Michel, décédé 7 mois plus tôt. Il lui était apparu en costume de lin beige. Elle décrit cette première rencontre dans son livre[7] :

> « Et ce voyage fut sublime. J'ai rencontré Michel, qui m'a prise dans ses bras. Il était vêtu d'un costume de lin beige, élégant, il était rayonnant, souriant, beau comme quand il avait 40-45 ans. Il m'a parlé de mes enfants, m'a expliqué comment il fallait que je donne l'amour que j'avais en moi, sans me disperser. Quand le docteur Charbonier a commencé sa séance d'hypnose, j'ai eu l'impression de sortir de mon corps par le haut de ma tête, comme par une spirale blanche qui s'ouvrait. Et je ne sentais plus mon corps ; je me suis vue au-dessus de ma

---

7. Delpech G., *Te retrouver*, éd. First, 2017.

tête, au plafond, ensuite je l'ai traversé et je me suis retrouvée dans l'atmosphère, et la terre a diminué jusqu'à devenir un petit point bleu. Puis plus rien. Et j'ai traversé un noir intense, je ne voyais même pas les étoiles, et très très loin de tout petits points lumineux sont apparus jusqu'à ce que je trouve effectivement Michel.

J'étais assise sur un banc, et Michel est apparu, d'abord une silhouette lumineuse et petit à petit sa forme physique de la quarantaine. Il m'a expliqué comment donner l'amour d'une façon juste et m'a montré aussi la route que nous avions prise la veille[8], Corinne, Jean-Jacques et moi dans la montagne. J'ai reconnu immédiatement cette route, je la voyais défiler d'en haut, et Michel me disait qu'il était avec moi à ce moment-là. Ensuite je me suis fondue avec lui dans une boule de feu qui ne brûlait pas, mais qui était intensément lumineuse et chargée d'amour. J'étais bercée dans les bras de quelqu'un qui avait un amour inouï pour moi. Michel était là, mais je ne le voyais plus. Et après cette sortie du corps je l'ai réintégré avec douleur. J'ai senti toute la lourdeur de le "récupérer". Je pleurais, bouleversée, je n'oublierai jamais cette expérience. »

---

8. Notre voyage au château de Puivert évoqué précédemment, où Geneviève rentra en contact avec l'esprit de Chantal, «assis» près d'elle à l'arrière de la voiture.

Cette première TCH fut pour Geneviève Delpech si forte qu'elle voulut réitérer ce voyage hypnotique, mais cette fois-ci dans un de mes ateliers, au milieu de 40 participants. À la fin de la séance, elle quitta notre groupe, visiblement très émue, et s'isola pour écrire ses ressentis.

Geneviève me confia ensuite le texte rédigé sur l'instant. Elle me précisa qu'il s'agissait de simples phrases jetées à la hâte pour ne rien oublier et qu'elle ferait plus tard un récit plus détaillé[9] :

> « C'était incroyable. J'ai quitté mon corps. J'ai vu sous moi la terre devenir de plus en plus petite. Puis je suis rentrée à une vitesse inouïe dans un tunnel sombre mais aux parois transparentes à travers lesquelles je voyais l'Univers, l'espace. J'étais dans la position du fœtus, et j'ai atterri, si j'ose dire, sur une planète où vivait Michel. Des paysages magnifiques et argentés. Puis j'ai été happée à toute vitesse vers et dans cette boule de feu. Il n'y a pas de mot pour décrire ce que j'ai vécu. Pas de mot. Je peux dire aujourd'hui que j'ai vu Dieu. Au risque de passer pour une folle, j'affirme que j'ai vu Dieu. Une immense boule de feu d'un blanc très pur et qui ne brûlait pas. Et chacune des cellules divines qui étaient autant de soleils, des

---

9. Celui-ci figure dans son livre : *Te retrouver.*

milliards de milliards de milliards de soleils, étaient autant d'Univers… Comment expliquer? Tout vibrait. Scintillait. Vivait. Tout était information. Tout était amour et lumière chaude et douce dans laquelle je flottais. Et moi-même, bien qu'indépendante de cette lumière, j'étais constituée d'elle et baignais en elle. Auparavant, j'ai rencontré Michel dans un magnifique paysage de vallées et de montagnes verdoyantes. Il m'attendait les bras ouverts dans un pré. Il y avait un étang d'un bleu argenté. Son père jardinait en me faisant des signes de la main. Sa mère aussi était là, et il y avait également à ses côtés un jeune homme châtain clair, et j'ai alors su qu'il s'agissait de l'enfant que nous attendions et que je n'avais pas gardé… un bien beau jeune homme. Tout est pardonné… Je suis bouleversée… »

Comme je l'ai déjà signalé plus haut, quelques semaines avant la disparition terrestre de son époux, Geneviève Delpech était réveillée régulièrement par deux esprits : Albert Einstein et Nikola Tesla. Les deux savants géniaux insistaient pour faire connaître le fruit de leurs travaux à nos contemporains. Les messages laconiques étaient des équations complexes ou des recommandations censées intéresser l'humanité tout entière. Cette relation médiumnique insistante se prolongea plusieurs mois après le décès de Michel. Le temps que Didier van Cauwelaert, passionné par toutes les informations recueillies par Geneviève, édite un ouvrage[10] sur cette singulière relation. Ce livre bouleversant démontre de façon magistrale la pertinence de tous ces conseils arrivant de l'au-delà. Car tout est juste. Les phrases et les équations entendues puis retranscrites par la médium trouvent une signification précise auprès des plus éminents spécialistes consultés par celui qui décrocha le prix Goncourt en 1994[11].

J'ouvre ici une parenthèse pour préciser que Nikola Tesla ne serait sûrement pas opposé à mon concept de CIE puisqu'il affirma dans un de ses ouvrages[12] que la vision de toutes ses inventions était issue de flashs lumineux, que son cerveau recevait en provenance d'un «noyau spatial» dans lequel il se projetait, ou encore quand il écrivit: «Mon cerveau n'est qu'un récepteur: dans l'Univers se trouve une sorte de noyau d'où nous tirons la connaissance, la force de l'inspiration. Je n'ai pas pénétré les secrets de ce noyau, mais je sais qu'il existe[13]» (*voir annexe 5, page 223*).

---

10. Van Cauwelaert D., *Au-delà de l'impossible*, éd. Plon, 2016.

11. Van Cauwelaert D., *Un aller simple*, éd. Albin Michel, 1994.

12. Tesla N., *Mes inventions*, *Electrical Experimenter*, 1919.

13. *Ibid.*

Mais revenons aux témoignages de TCH qui sont l'objet de notre propos. Les multiples échanges écrits établis entre Geneviève et Didier sont pour eux autant de portes ouvertes aux confidences. En apprenant l'étonnante expérience vécue par Mme Delpech lors de ma séance privée de TCH, le célèbre écrivain me demanda d'en organiser une pour lui. Nous prîmes rendez-vous, et je le reçus avec grand plaisir chez moi. Il me livra ses ressentis à l'issue des 42 minutes d'hypnose qui l'avaient envoyé dans l'«autre monde», selon ses propres paroles. Oui, mais voilà, ce monde-là, il l'avait déjà approché. Si bien qu'il le reconnut tout de suite en apercevant la grande lumière blanche en milieu de séance. Une mort apparente du nouveau-né l'a sensibilisé pour toujours aux récits des EMP. C'est sa maman qui lui a raconté l'histoire. Didier manqua mourir, étranglé par son cordon ombilical, dès les premières secondes de sa venue au monde. Par déduction, il pense avoir vécu une expérience de mort provisoire à ce moment-là. Beaucoup d'éléments lui suggèrent cela : ses ressentis, son inspiration, qui lui pousse à écrire certains livres, notamment *Hors de moi*[14] ; cette histoire qui met en scène un homme qui, après être

---

14. Van Cauweleart D., *Hors de moi*, éd. Albin Michel, 2003.

sorti de son corps, contemple son entourage. Plusieurs expérienceurs qui ont lu ce livre l'interpellent : « Mais n'avez-vous pas vous-même vécu une NDE pour écrire tout ça ? » Et là, maintenant, cette lumière blanche reconnue dans sa TCH est un argument de poids pour conforter son intuition. Oui, il en est maintenant persuadé : cette lumière blanche est celle de l'au-delà. Un au-delà qu'il visita très tôt au moment de sa naissance. Sa séance de TCH fut si intense qu'elle lui parut durer à peine quelques minutes : 8 ou 9 tout au plus, et non pas 42. Didier me confia qu'il serait bien resté là-bas en compagnie des personnes retrouvées : son père décédé depuis longtemps et aussi Marcel Aymé, son écrivain fétiche. Il les a vus pendant l'hypnose. « Merci Jean-Jacques, cette expérience a été pour moi très enrichissante. Elle m'explique pas mal de choses », me lança-t-il avant de reprendre son avion pour Paris.

Contrairement à Geneviève Delpech, Jacques Delhomme ne se connaissait pas de talent particulier de médium. Sa séance de TCH lui révéla cette potentialité. Une potentialité qui existe en chacun de nous et qui ne peut être révélée que lorsque notre CAC cesse son bavardage incessant.

Cet homme de 32 ans, à la recherche d'un emploi, m'a adressé ce mail plusieurs semaines après notre rencontre :

« Je suis venu avec ma mère, qui m'a offert votre atelier pour mon anniversaire. Je vous écris aujourd'hui parce que maintenant je sais que j'ai bien rencontré mon père, décédé, pendant votre hypnose, il y a quinze jours. J'en ai la preuve. Je n'en étais pas certain avant, alors je ne vous ai pas écrit avant. Je suis sorti de mon corps très facilement en suivant tout ce que vous disiez. La musique que vous avez est super, ne changez rien. Je me suis retrouvé au plafond de la salle au-dessus des gens qui étaient là comme moi et après j'ai traversé le toit et j'étais au-dessus de Toulouse. J'ai vu les lumières de la ville qui s'éloignaient très vite de moi puisque je montais de plus en plus vite dans le ciel étoilé. J'ai vu la terre qui s'éloignait et qui est devenue une petite balle bleue puis une petite bille bleue. Quand je suis passé dans le tunnel, c'était hyper rapide, je me suis senti aspiré vers le haut avec une force énorme, comme dans les films de science-fiction quand les acteurs passent à la vitesse de la lumière. Après, c'était plus compliqué pour moi. J'étais dans le brouillard complet, et il ne se passait rien. J'étais là, planté dans le brouillard, et je ne voyais rien. J'avais les boules, car je me demandais ce qui allait se passer et combien de temps ça allait durer. Et alors mon père est arrivé. Il s'est avancé vers moi tranquille comme si tout ça était normal. Il avait l'air heureux et cool. Il m'a dit : "T'en fais pas tu vas trouver du boulot vite fait et ça sera pas loin de chez toi, comme ça tu pourras vendre la voiture et ça te fera un peu d'argent pour payer ton retard de loyer. T'auras pas à déménager. T'en fais pas." Il m'a juste dit ça et il est reparti aussi tranquille qu'il était en arrivant. Puis le brouillard a disparu et j'ai pu voir où il allait, c'était un pays magnifique, avec une herbe très verte et des fleurs énormes. J'ai juste eu le temps de voir ça et, après, le brouillard est revenu avant que je reparte dans le tunnel. Et ce matin j'apprends que je vais pouvoir être serveur dans un café qui est à 200 mètres de chez moi. Je vais pouvoir vendre ma voiture pour régler mes dettes comme il me l'a dit... »

Les participants obtiennent parfois des défunts, comme dans le cas de Jacques, des réponses aux questions qu'ils se posent. C'est aussi le cas pour cette femme de 52 ans qui est hypno-thérapeute et dont la religion est l'«amour inconditionnel ». Elle préfère garder sa réponse confidentielle, mais précise dans le questionnaire l'avoir obtenue de sa mère décédée :

« La séance fut formidable. Je suis montée avec beaucoup de facilité. La sensation de chaleur était là depuis la connexion aux points énergétiques. Très bonne visualisation de l'élévation. Les couleurs, les sensations de légèreté, la joie, la plénitude. Surtout une grande sensation de joie, comme si mon âme attendait ce moment depuis fort longtemps. Le tunnel noir était aussi bleu indigo. Aucune peur. Aucune appréhension. Toutes les visualisations étaient aisées. D'être dans l'Univers fut un grand moment de liberté, j'étais comme libérée de toute entrave. Puis la lumière est apparue, très douce, très blanche. Plusieurs âmes étaient là. La première était un guide lumineux. Puis ma mère est venue à moi et ma grand-mère a suivi. Après beaucoup de caresses et de bisous, je demandai à ma mère le pourquoi de ma maladie. Et la réponse me fut donnée... »

Le cas suivant est intéressant car il montre que la CIE peut se délocaliser en période d'hypnose comme dans un *remote viewing*. Non seulement Nicole a pu apercevoir son frère hospitalisé, à distance de l'endroit où elle était pendant sa séance, mais elle écrit l'avoir vu en compagnie de son père décédé :

« Hier soir, la séance d'hypnose m'a fait voyager auprès de mon papa qui est décédé le 2 septembre dernier et que j'ai eu la chance d'accompagner dans les derniers mois de sa vie. Je lui ai demandé d'aller au chevet de mon frère qui a été hospitalisé en urgence il y a deux jours après un accident. Il m'a fait asseoir sur un banc et m'a montré un paysage de montagne beau à couper le souffle et, au loin, dans la vallée, une ville pleine de lumière. Il m'a dit :

"Oh, ma puce, je suis toujours là !" Je l'ai ensuite vu au chevet de mon frère hospitalisé. J'ai aussi vu ma sœur, disparue dans des conditions dramatiques puisqu'elle a été assassinée par son mari en 1986. Elle a fait une furtive apparition. Souriante, elle est repartie très vite. J'ai eu du mal à réintégrer mon corps, car je désirais rester là plus longtemps. Mais bon, à un moment, il faut bien rentrer. »

Si 65 % de participants pensent avoir eu un contact avec un défunt, cela veut dire aussi que 35 % n'en ont pas eu. Je suis évidemment heureux que la majorité de ceux qui participent à ces ateliers obtienne ce résultat, et, à vrai dire, je ne m'attendais pas du tout à obtenir un si bon score lorsque je les ai mis en place. Je suis néanmoins très malheureux pour ces 35 % qui n'ont rien pu obtenir et qui en sont évidemment très déçus. Et j'en suis d'autant plus désolé lorsque ces personnes me disent s'être déplacées de loin et avoir pris un avion spécialement pour faire une séance de TCH à Toulouse.

Cependant, certains courriers me démontrent que l'appel qui est lancé dans l'invisible lors de ces ateliers peut recevoir une magnifique réponse de l'au-delà. Une réponse qui arrive parfois très vite, sous forme de synchronicité, comme nous allons le voir dans l'exemple suivant :

« Après votre atelier de TCH, nous sommes rentrés chez nous avec mon amie. Nous nous sommes relayées pour conduire et nous avons roulé toute la nuit. J'ai pu dormir trois heures. Nous habitons en bord de mer près de la frontière italienne. Nos maris ont été tués dans le même accident d'avion. Sur le chemin du retour, j'avais le cœur serré, car mon amie avait vu son mari pendant votre hypnose, il l'avait même tenue par la taille et elle avait en même temps senti un courant d'air froid alors que la clim de la salle où nous étions n'était pas en route. Il lui avait dit qu'il l'aimait et qu'il l'aimerait toujours, et qu'ils se retrouveraient pour s'aimer encore plus fort qu'avant. Elle avait eu tout ça, et moi rien. Mon mari n'avait pas voulu (ou pu ?) venir. J'étais un peu jalouse. Je trouvais qu'elle avait beaucoup de chance, et je l'enviais. Pourtant, la séance d'hypnose était bien partie pour moi. Je suis sortie facilement de mon corps, j'ai vu la terre s'éloigner au milieu des étoiles et, quand je suis arrivée dans l'au-delà, je suis restée seule. Je n'ai vu qu'un très beau paysage coloré, mais personne n'est venu. J'ai vu des silhouettes qui se déplaçaient au loin, elles flottaient au-dessus d'une prairie très verte, mais aucune n'est venue vers moi. Quand mon amie m'a déposée devant chez moi au petit matin, contrairement à elle qui était épuisée, je n'avais pas sommeil. Les trois petites heures que j'avais eues dans la voiture m'avaient suffi. J'ai pris une douche et je suis ressortie aussitôt. Je marchais sur la plage en fumant une cigarette pour rejoindre le bistro où j'ai l'habitude de prendre mon petit déjeuner. Je me demandais s'il serait déjà ouvert car il était encore très tôt. En marchant, je repensais à cette nuit que je venais de vivre et qui semblait être un joli rêve. Je me remémorais mon hypnose, votre voix si particulière qui amène à faire ce voyage très spécial qui fait tant de bien quand on est dans le malheur. C'est alors que j'ai entendu la musique. C'était très net et assez fort. Pourtant j'étais seule sur la plage et les habitations que je longeais étaient trop loin pour jouer une musique aussi forte. La chanson était celle qui m'avait fait connaître mon mari, *L'Été indien*, de Joe Dassin. Je ne connaissais pas encore celui qui allait devenir mon mari, mais il m'a embrassée dès ce premier slow. À cette époque, c'était comme ça que les garçons draguaient les filles. Ils les embrassaient avant de les connaître et ensuite on voyait si une histoire d'amour pouvait se faire. La nôtre a duré trente-deux ans. En même temps que j'entendais cette musique de Joe Dassin, j'ai senti très nettement son parfum. Celui que je lui ai toujours connu. À chaque anniversaire et à chaque Noël, il avait son flacon, car j'adore ce parfum. Mes yeux se sont remplis de larmes. J'ai continué à marcher et j'ai regardé une inscription dans le sable qui était à peine lisible car les vagues l'effaçaient. Il y avait écrit Christian. Christian, le prénom de mon mari. »

Cette participante n'a donc eu aucun contact avec un défunt pendant la TCH, mais la CIE de son mari décédé a cependant répondu à l'appel de sa veuve lancé lors de l'atelier en lui donnant trois messages simultanés : olfactif, en reconstituant le parfum qu'il utilisait, auditif, en faisant jouer la musique de leur rencontre, et enfin visuel, en inscrivant son prénom sur le sable. Quels magnifiques cadeaux !

Un de mes confrères a lui aussi reçu une réponse différée à sa demande faite en TCH. Celle-ci est encore plus incroyable :

« Cher confrère, je dois vous dire la vérité. Je suis venu à votre séance d'hypnose, plus par curiosité que dans l'espoir de rentrer en contact avec mon épouse décédée il y a deux ans d'un glioblastome[15], qui l'a tuée en quelques semaines. Je faisais partie de la minorité des personnes qui n'ont obtenu aucun contact pendant l'atelier, et, à dire vrai, cela ne m'a pas vraiment étonné. Je ne pensais pas qu'il soit possible de contacter les esprits pour la bonne raison que je ne crois pas à l'existence d'une vie après la

---

15. Tumeur maligne du cerveau.

mort. J'ai rempli votre questionnaire et j'ai donc coché "non" sur beaucoup de cases en indiquant que je n'étais pas satisfait de cette séance. Je suis rentré chez moi avec le sentiment un peu amer de m'être fait avoir en participant à votre soirée. J'ai vite changé d'avis, car, dans ma chambre, assise sur mon fauteuil et face à mon lit, mon épouse m'attendait. Je l'ai vue comme si elle était vivante. Elle était avec sa robe bleu clair et le collier que je lui avais offert pour un anniversaire. C'est dans cette tenue qu'elle a été incinérée. J'ai failli m'évanouir. Elle m'a dit : "Tu vois, il suffit de m'appeler avec ton cœur pour que je sois là, avec toi." Elle adorait les surprises et les blagues. Elle avait ce petit sourire en coin que je lui connaissais bien. Elle était resplendissante. Je me suis avancé vers elle en lui tendant les bras, et elle a disparu aussitôt. Je ne suis pas encore prêt à raconter cela à n'importe qui, même pas à mes propres enfants ! Je ne saurais pas vous dire à quel point votre atelier m'a aidé à comprendre ce qu'est la mort. Un immense, immense, immense merci. Vous avez changé ma vie. Confraternellement. »

Je remercie à mon tour ce confrère de reconnaître ses torts avec autant d'humilité.

8

Prolepse

Les nombreuses années qui m'ont amené à débattre avec mes détracteurs m'ont appris à les connaître : ils sont tellement prévisibles…

Pour économiser leur salive et l'encre de leur stylo, je prends donc les devants.

D'aucuns argumenteront que mes belles théories ne reposent que sur des témoignages, et qu'étant donné que la parole humaine n'a jamais fait office de preuve mon concept de dualité entre une CIE et une CAC ne peut être recevable. C'est en l'occurrence facilement oublier que, dans le domaine des acquisitions du savoir transmissible, tout, ou presque tout, repose sur le témoignage. Qui a personnellement rencontré Napoléon ou Jules César ?

Personne, bien sûr. Nous sommes nés trop tard pour avoir eu l'opportunité de leur serrer la main afin de vérifier leur existence. Et il en va de même pour n'importe quel fait historique, dont la réalité ne s'appuie que sur le témoignage humain. Personne n'a bien évidemment vécu les événements lointains rapportés par leurs conteurs. Nous croyons aux histoires de nos pays respectifs, qui ne sont validées que par les récits des générations qui nous ont précédés. Idem pour toutes les choses jamais vues, touchées, senties, goûtées ou entendues. Qui a rencontré un ours polaire ? Pourtant, à en croire tous les témoins qui en ont vu, il y a fort à parier que ces animaux à poils blancs existent. Oui, même si je n'en ai jamais vu, je peux dire sans honte que je crois en l'ours polaire.

La concordance et le nombre des récits devraient également compter. Si le restaurant que vous avez l'habitude de fréquenter vient d'engager un nouveau cuisinier et qu'une douzaine de vos amis vous racontent que la tambouille qu'il mijote est infecte car ils ont eu la malchance d'y goûter, les croirez-vous ? Si certaines connaissances vont visiter un pays et vous en font la même description que celle qui figure dans des livres que vous avez déjà lus, les croirez-vous ?

Bien que significatif et difficilement négligeable, ce n'est pas tant le nombre des récits concordants de ces millions d'expérienceurs qui étonne, mais plutôt et, surtout, leur volonté de témoigner. Car, en fait, qu'ont-ils à gagner à raconter leur aventure dans l'au-delà, si ce n'est de passer pour des fous, des illuminés, et de risquer du même coup de perdre toute crédibilité auprès de leur famille, de leurs amis ou de leurs collègues de travail ? Il faut vraiment que le jeu en vaille la chandelle ! Certains peuvent me rétorquer que c'est une façon de se rendre intéressant pour écrire des livres et faire des conférences. Je connais aussi ce pitoyable discours. Mais, dans ce cas, que dire de celles et ceux qui ne font ni livre ni conférence ? Que dire de celles et ceux qui témoignent anonymement ? Il en est de même pour mes ateliers de TCH. Les 65 % de participants qui prétendent avoir été mis en contact avec un défunt le pensent vraiment. Sinon, quel(s) avantage(s) auraient-ils d'affirmer cela anonymement sur un questionnaire après avoir réglé leur ticket d'entrée ?

Ensuite, il faut s'entendre sur le mot « preuve ». Quand j'ai écrit *Les 7 Bonnes Raisons de croire à l'au-delà*, mes détracteurs matérialistes, fortement irrités par ce livre qui met à mal leur pensée dogmatique, ont argué que les 7 bonnes raisons en question n'étaient pas des preuves. Je leur rappelle la définition du dictionnaire Larousse du mot « preuve » : « Être ou chose qui, par leur existence même, témoignent de la réalité de quelque chose.» Or, les 7 choses que je présente dans ce livre témoignent de la réalité de l'au-delà par leur existence même. Je les défie d'écrire un livre portant l'intitulé suivant : «La seule bonne raison de croire à la mort-néant.» Je ne suis pas exigeant, une seule bonne raison me suffirait : pas 7, 1 seulement !

Il faut qu'ils se fassent une raison, au fil du développement de nos connaissances et des progrès de la réanimation faisant revenir à la vie bon nombre de nos contemporains, la croyance a basculé dans leur camp. Désormais, les croyants, ce sont eux. Ils n'ont aucune preuve de la mort-néant, alors que les preuves de survivance de nos CIE sont légion. Je leur rappelle aussi la définition du mot «croyance» qui figure dans le même Larousse : «Fait de croire à l'existence de quelqu'un ou de quelque chose, à la vérité d'une doctrine ou d'une thèse.» Oui, les matérialistes croient à la vérité des doctrines d'une «mort-néant» et du «cerveau-sécréteur de conscience» sans en avoir la moindre preuve. Ils ont la foi, et la religion qu'ils vénèrent s'appelle le matérialisme. Ici encore, il faut consulter le dictionnaire Larousse. «Religion : Ensemble de pratiques et de rites spécifiques propres à chacune de ses croyances.» «Rite : Manière d'agir propre à un groupe social ou à quelqu'un, qui obéit à une règle, revêt un caractère invariable.» La manière d'agir propre aux matérialistes obéit à une règle immuable qui revêt un caractère invariable : l'être humain est, selon eux, un robot biologique composé exclusivement de matière. Bien que je n'adhère pas à cette façon de voir les choses, le matérialisme, comme toute religion, doit être respecté. Mais ses adeptes doivent aussi respecter les autres et ne pas devenir des intégristes en essayant d'imposer leur point de vue par des comportements de censeurs. Je fus, et je suis encore aujourd'hui, victime de nombreuses censures dès que j'aborde ce sujet de conscience délocalisée. Et les censeurs sont toujours les mêmes. Mais, heureusement pour nous, le monde change, et le discours que je tiens devient de plus en plus audible.

On l'a bien vu en lisant cet ouvrage, la modélisation révolutionnaire du fonctionnement de la conscience que je propose permet de solutionner d'une façon simple tous les problèmes posés par des questions impossibles à résoudre en se référant au concept simpliste du «cerveau-sécréteur de conscience». Pour mémoire, je résume ici les principales interrogations auxquelles nous avons répondu :

Pourquoi seulement 18 % des personnes qui subissent des arrêts cardiaques racontent-elles avoir vécu des expériences extraordinaires ? Pourquoi pas 100 % ?

Pourquoi les enfants ont-ils plus de probabilités de faire une NDE que les adultes ?

Pourquoi l'enfance est-elle un moment privilégié pour avoir des perceptions médiumniques et des souvenirs de vies antérieures ? Et pourquoi ces possibilités s'effacent-elles avec le temps ?

Comment est-il possible d'avoir des perceptions d'événements se déroulant à distance dans le temps et dans l'espace lorsque notre cerveau fonctionne au ralenti ?

Pourquoi, la plupart du temps, ne gardons-nous aucun souvenir de nos rêves ?

Comment expliquer des phénomènes aussi décriés que la télépathie, la médiumnité, la transcommunication instrumentale (TCI), l'intuition, l'inspiration ou les synchronicités ?

Il est bien sûr plus simple de botter en touche et de dire que tous ces phénomènes-là n'existent pas. On élude ainsi du même coup toutes les interrogations qui en découlent. Mais, devant l'évidence et l'abondance des témoignages, cette attitude n'est plus tenable, et les postures des personnes qui les adoptent deviennent vite ridicules.

Enfin, ultime assaut de ceux qui me combattent, car oui, il s'agit bien pour eux – mais pas pour moi – d'un combat, j'entends déjà la réflexion facile, celle qui se veut assassine, la flèche du Parthe décochée à la hâte : « C'est bien beau, mais à quoi ça sert tout ça ? On aurait une CIE et une CAC, et alors ?! Ce n'est pas ça qui va changer le monde !! » Je m'inscris en faux. C'est justement un concept comme celui-ci qui peut changer le monde. J'en veux pour preuve la communication télépathique établie entre des médiums et des patients dans le coma ou sous anesthésie générale, ou encore la communication avec les défunts réalisée par des volontaires placés sous hypnose.

Les résultats époustouflants que j'ai pu d'ores et déjà obtenir et qui sont présentés dans ce livre permettent d'ouvrir de nouveaux paradigmes sur la vie, la mort, et sur les liens constants qui nous associent à chaque atome de l'Univers.

Un nouveau chemin se dessine devant nous : celui de la tolérance, du partage et de l'amour.

À nous de ne pas le manquer et de diffuser, encore et encore, sans lassitude aucune, les bonnes informations.

Tandis que la réalité n'a aucune honte à se répéter, la fausse pensée, face à la répétition de la réalité, finit toujours par se taire.

Glossaire

ACR : arrêt cardio-respiratoire.

AIT : accident ischémique transitoire. Une partie du cerveau est privée d'apport sanguin pendant une période transitoire. Cela entraîne des troubles neurologiques passagers et réversibles.

AVC : accident vasculaire cérébral. Une partie du cerveau est privée d'apport sanguin pendant une période prolongée. Cela entraîne des troubles neurologiques, le plus souvent définitifs.

CAC : conscience analytique cérébrale.

CIAM : communication induite après la mort.

CIE : conscience intuitive extraneuronale.

DRMO : désensibilisation et retraitement par les mouvements oculaires. Consiste à induire une résolution des symptômes liés à des événements traumatiques du passé en provoquant des mouvements rapides des globes oculaires.

ECG : électrocardiogramme. Mesure de l'activité électrique du cœur.

EEG : électroencéphalogramme. Mesure de l'activité électrique du cerveau.

EMDR : *Eye Movement Desensitization and Reprocessing, idem* DRMO.

EMI : expérience de mort imminente.

EMP : expérience de mort provisoire.

Expérienceur : personne ayant vécu une EMI ou une EMP.

FA : fibrillation auriculaire. Les oreillettes cardiaques se contractent de façon rapide et totalement anarchique en entraînant une diminution modérée du débit cardiaque.

FV : fibrillation ventriculaire. Le cœur se contracte de façon rapide et totalement anarchique en entraînant une chute brutale et importante du débit cardiaque.

LSD : diéthylamide d'acide lysergique, psychotrope hallucinogène.

MCE : massage cardiaque externe.

NDE : *Near Death Experience.* Expérience proche de la mort.

OBE : *Out of Body Experience.* Expérience hors du corps.

REM : *Rapid Eyes Movements*. Mouvements rapides des globes oculaires. Se voient en soulevant les paupières d'une personne en sommeil paradoxal.

Remote viewing : vision à distance sans déplacement du corps.

TCH : TransCommunication hypnotique.

TCI : TransCommunication instrumentale.

TV : tachycardie ventriculaire. Le cœur se contracte de façon extrêmement rapide.

Bibliographie

Agrillo C., « *Near Death Experiences in Cardiac Arrest Survivors* », The Boundaries of Consciousness Neurobiology Neuropathology, 2006, p. 351-367.

Alexander E., *La Preuve du paradis*, Guy Trédaniel éd., 2015.

Alexander E., Moody R., *L'Évidence de l'après-vie*, Guy Trédaniel éd., 2014.

Allix S., *Le Test : une expérience inouïe, la preuve de l'après-vie ?*, éd. Albin Michel, 2015.

Alvarado C. S., « *Out of Body Experiences* » in *Varieties of Anomalous Experience : Examining the Scientific Evidence*, American Psychological Association, 2000.

Atwater P., *Le Grand Livre des expériences de mort imminente*, éd. Exergue, 2012.

Babu A., Charbonier J.-J., *4 regards sur la mort et ses tabous*, Guy Trédaniel éd., 2015.

Barbé C., *Le Langage de l'invisible*, éd. Kymzo, 2006 ; *Comment les morts s'expriment*, éd. Kymzo, 2007 ; *Signes de survivance*, éd. Kymzo, 2009.

Baruss I., *« Failure to Replicate Electronic Voice Phenomenon »*, *Journal of Scientific Exploration*, 2001, 15 (3), p. 355-356.

Beauregard M., Charbonier J.-J., Déthiollaz S., Jourdan J.-P., Mercier E.-S., Moody R., Parnia S., Van Eersel P., Van Lommel P., « L'expérience de mort imminente : premières rencontres internationales », *Actes du colloque*, Martigues, juin 2006, Éd. S17-2007.

Benhaiem J.-M., *Le Guide de l'hypnose*, éd. In Press, 2015.

Blanchon L., Sim R., *Nos vies suspendues,* Guy Trédaniel éd., 2016.

Blanke O., Landis T., Spinelli L., Seeck M., *Out of Body Experience and Autoscopy of Neurchirurgical Origin*, Brain 2004, 127, p. 243-258.

Blanke O., Ortigue S., Landis T., Seeck M., *Stimulating Illusory Own-Body Perceptions*, Nature 2002, 419, p. 269-270.

Botkin A., *La Communication induite après la mort. Une thérapie révolutionnaire pour communiquer avec les défunts*, Guy Trédaniel éd., 2014.

Brune F., *Les morts nous parlent*, tome I et II, éd. Le Livre de Poche, 2009 ; *Les morts nous aiment*, éd. Le Temps Présent, 2009.

Bromberger D., *Un aller-retour*, éd. Robert Laffont, 2004.

Chambon O., *Expériences extraordinaires autour de la mort. Réflexion d'un psychiatre sur la science de l'au-delà*, Guy Trédaniel éd., 2012 ; *Psychothérapie et chamanisme : théorie de l'âme, voyage dans le monde du rêve*, éd. Vega, 2012 ; *Oser parler de la mort aux enfants*, Guy Trédaniel éd., 2015.

Chambon O., Gablier M., *Le bonheur est dans le corps. Manuel pratique de psychologie corporelle*, éd. Dervy, 2015.

Chopra D., *La Vie après la mort*, Guy Trédaniel éd., 2007.

Dalaï-Lama, *Voyage aux confins de l'esprit*, éd. J'ai lu, 2010.

Delpech G., *Le Don d'ailleurs*, éd. Pygmalion, 2015 ; *Te retrouver*, éd. First, 2017.

Descamps M.-A., *Les Expériences de mort imminente et l'après-vie*, éd. Dangles, 2008.

De Ferluc T., *L'Univers et l'homme tels que vous ne les avez jamais vus,* Create Space, 2016.

Déthiollaz S., Fourrier C.-C., *États modifiés de conscience : NDE, OBE et autres expériences aux frontières de l'esprit*, éd. Favre Sa, 2011 ; *Voyage aux confins de la conscience. Dix années d'exploration scientifique des sorties hors du corps. Le cas Nicolas Fraisse*, Guy Trédaniel éd., 2016.

De Witt F., *La Preuve par l'âme : un polytechnicien démontre notre immortalité*, Guy Trédaniel éd., 2015.

Dosa D., *Un chat médium nommé Oscar*, éd. Archipode, 2014.

Dron N., *45 secondes d'éternité : mes souvenirs de l'au-delà*, éd. Kymzo, 2009.

Dubois C., *L'Accompagnement des âmes dans l'au-delà*, éd. Le Temps Présent, 2013 ; *La Communication d'âme à âme – Une autre vision des soins palliatifs*, éd. Le Temps Présent, 2015.

Eccles J., *Comment la conscience contrôle le cerveau*, éd. Fayard, 1997.

Erickson Milton H., *Traité pratique de l'hypnose*, éd. Grancher, 2006.

Galy M., *Pourquoi l'hypnose ? Du bloc opératoire à la vie quotidienne*, éd. Sauramps Médical, 2015.

Gilliand D., Maillard A., *Médiums d'un monde à l'autre*, éd. Favre, 2011.

Girard J.-P., *La Science et les Phénomènes de l'au-delà*, éd. Alphée, 2010.

Greyson B., « *Incidence and Correlates of Near Death Experiences in a Cardiac Care Unit* ». *General Hospital Psychiatry*, Elsevier vol. 25, 2005 ; « *Dissociation in People who Have Near Death Experiences : Out of their Bodies or out of their Minds ?* », *The Lancet*, 2000, 355 : 460-463.

Grof S., *L'Ultime Voyage*, Guy Trédaniel éd., 2009.

Guillemant P., *La Physique de la conscience*, Guy Trédaniel éd., 2015.

Hell B., *Possession et chamanisme : les maîtres du désordre*, Flammarion, 1999.

Hubert F., *Quand la médiumnité s'impose*, éd. Exergue, 2016.

Hammeroff S., Penrose R., « *Consciousness in the Universe: A Review of the "Orch OR" Theory* », *Physics of Life Reviews*, mars 2014, 11(1), p. 39-78.

Jourdan J.-P., *Deadline, dernière limite*, éd. Pocket, 2010.

Kardec A., *Le Livre des médiums*, éd. Dervy, 2003 ; *Le Livre des esprits*, éd. J'ai lu, 2005.

Kübler-Ross E., *La mort est un nouveau soleil*, éd. Pocket, 2002.

Labro Ph., *La Traversée*, éd. Gallimard, 1996.

Lallier F., *Facteurs associés aux expériences de mort imminente dans les arrêts cardio-respiratoires réanimés*, thèse de doctorat en médecine, Reims, 2014.

Laszlo E., *Science et champ akashique*, éd. Ariane, 2005.

Laureys S., *Un si brillant cerveau*, éd. Odile Jacob, 2015.

Le Gall J.-M., *Contacts avec l'au-delà*, éd. Lanore, 2006.

Libet B., *L'Esprit au-delà des neurones : une exploration de la conscience et de la liberté*, éd. Dervy, 2012.

Linès Y., *Quand l'au-delà se dévoile : ils veulent communiquer*, éd. JMG, 2006.

Long J., Perry P., *La Vie après la mort : les preuves*, éd. Pocket, 2016.

Malarewicz J.-A., *Cours d'hypnose clinique : études éricksoniennes*, éd. ESF, 2015.

Maurer D., *Les Expériences de mort imminente : science et croyance face à la survie*, éd. Alphée, 2005.

McMoneagle J., *Remote Viewing Secrets : the Handbook for Developing and Extending your Psychic Abilities*, éd. Hampton Roads Publishing Co, 2000.

Moody R., *La Vie après la vie*, éd. Robert Laffont, 1976.

Moody R., Perry P., *Témoins de la vie après la vie :
une enquête sur les expériences de mort partagée*, éd.
Robert Laffont, 2010, éd. J'ai lu, 2011.

Morse M., *Des enfants dans la lumière de l'au-delà*,
éd. Robert Laffont, 1992 ; *La Divine Connexion*, éd. Le
Jardin des Livres, 2002 ; *Le Contact divin*, éd. Le Jardin
des Livres, 2005.

Morzelle J., *Tout commence après*, éd. CLC, 2007 ; *La
lumière vient toujours d'en haut*, éd. Le Temps Présent,
2013 ; *L'Expérienceur – 14 témoignages inédits de contact
avec l'au-delà*, éd. Le Temps Présent, 2015.

Parnia S., Fenwick P., *« Near Death Experiences in
Cardiac Arrest : Visions of a Dying Brain or Visions
of a New Science of Consciousness »*, *Resuscitation*,
janvier 2002, 52(1), 5-11.

Parnia S. and col., *« AWARE – AWAreness during
REsuscitation – A Prospective Study »*, *Resuscitation*,
Official Journal of the European Resuscitation Council,
6 octobre, 2014.

Quevarec E., Charbonier J.-J., *Données médicales
sur les NDE (Near Death Experiences) et apport à la
description des derniers instants de la vie*, thèse de
doctorat en médecine, hôpital Bichat, Paris, 2007.

Ransford E., *La Conscience quantique et l'au-delà*, Guy Trédaniel éd., 2013 ; *L'Univers quantique enfin expliqué : un polytechnicien présente avec clarté cette discipline complexe*, Guy Trédaniel éd., 2016.

Ring K., *Sur la frontière de la vie*, éd. Alphée, 2008.

Rinpoché S., *Le Livre tibétain de la vie et de la mort*, éd. de La Table Ronde, édition augmentée, 2003.

Riotte J., *Ces voix venues de l'au-delà*, éd. France Loisirs, 2003.

Sartori P., « *A Long Terme Prospective Study to Investigate the Incidence and Phenomenology of Near-Death Experiences in a Welsh Intensive Therapy Unit* », Netw. Rev., 2006, (90) : 23-5.

Sheldrake R., *Réenchanter la science – Les dogmes de la science remis en cause par un grand scientifique*, éd. Albin Michel, 2013.

Simonet M., *Réalité de l'au-delà et transcommunication*, éd. du Rocher, 2004.

Staune J., *Notre existence a-t-elle un sens ? Une enquête scientifique et philosophique*, éd. Presses de la Renaissance, 2007.

Tesla N., *Mes inventions*, The Electrical Experimenter, 1919.

Tosti G., *Le Grand Livre de l'hypnose*, éd. Eyrolles, 2015.

Van Cauwelaert D., *Un aller simple*, éd. Albin Michel, 1994 ; *Hors de moi*, éd. Albin Michel, 2003 ; *Dictionnaire de l'impossible*, éd. Plon, 2013 ; *Au-delà de l'impossible*, éd. Plon, 2016.

Vander Linden G., *Ma mort... Ma plus belle expérience de vie*, éd. Édilivre-Aparis, 2016.

Van Lommel P., Van Wees R., Meyers V., Elfferich I., *« Near Death Experience in Survivors of Cardiac Arrest : a Prospective Study in the Netherlands »*, *The Lancet*, vol, 358, 2001.

Van Lommel P., *Mort ou pas ? – 2e édition – Les dernières découvertes médicales sur les EMI*, InterÉditions, 2015.

Vignaud H., *En contact avec l'invisible – Témoignage d'un médium sur l'au-delà*, InterÉditions, 2013.

Visser G. H., Wieneke G. H., Van Huffelen A. C., De Vries J. W., Bakker P. F., *« The Development of Spectral EEG Changes During Short Periods of Circulatory Arrest »*, *J. Clin Neurophysiol Off Publ Am Electroencephalographic Soc.*, mars 2001, 18(2), p. 169-77.

Walsch N. D., *Les Plus Belles Méditations de conversations avec Dieu*, Guy Trédaniel éd., 2006.

Wickland C., *Trente ans parmi les morts*, éd. Exergue, 2012.

Zeidler N., *Tu seras ma voix : messages de Vladik à sa mère (1980-2001)*, éd. Louise Courteau, 2010.

Annexes

Annexe 1

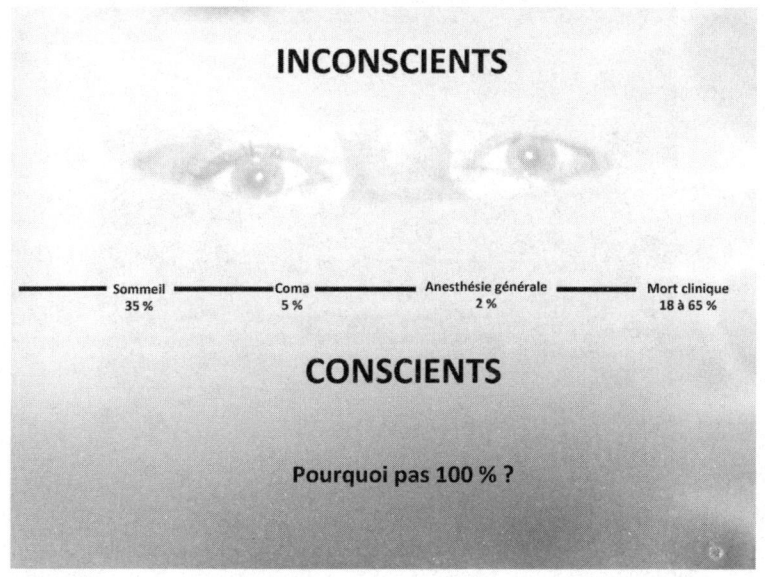

Annexe 2

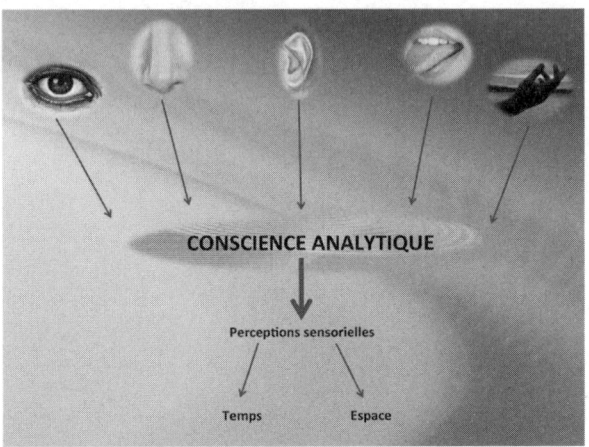

Annexe 3

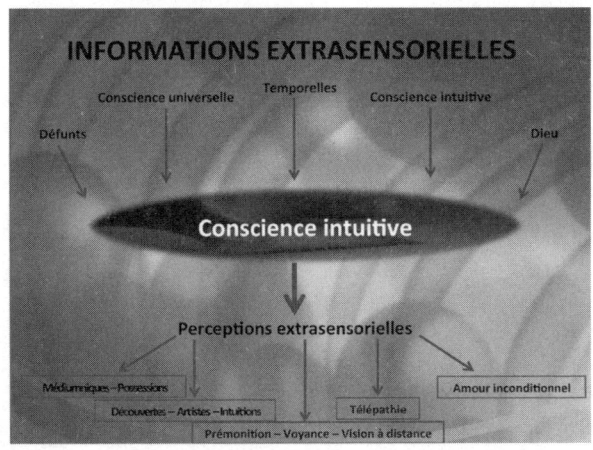

Annexe 4

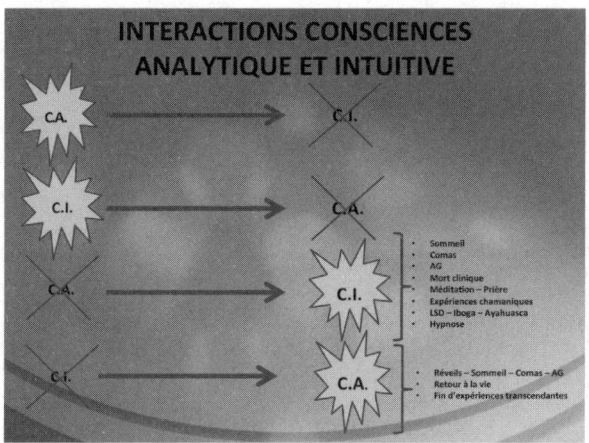

Annexe 5

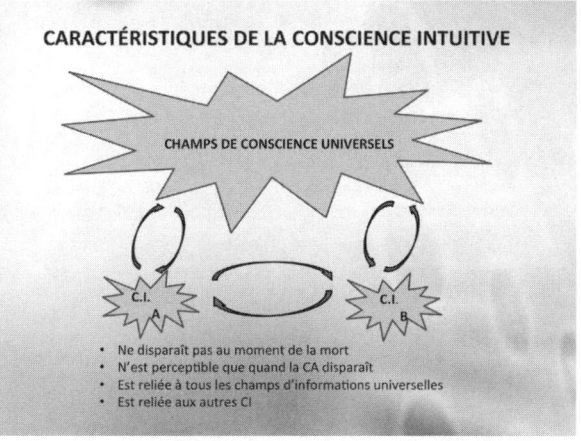

Annexe 6

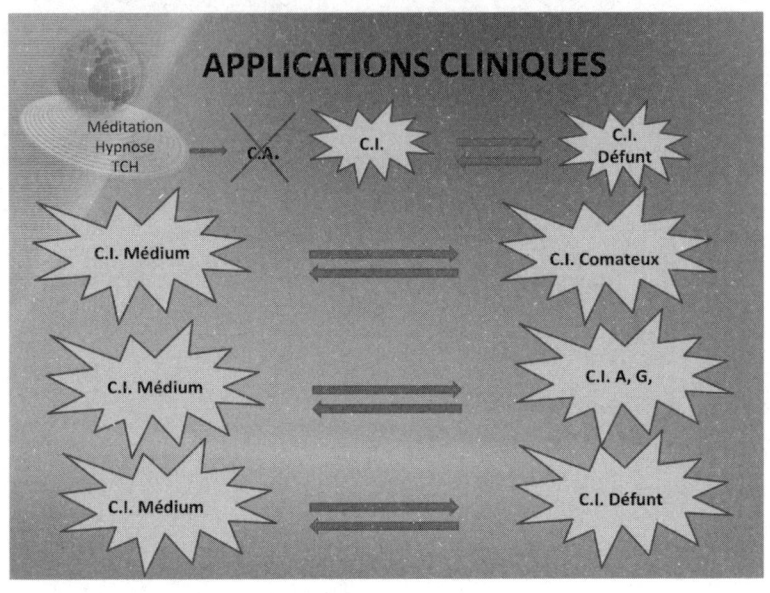

Annexe 7

Age :		
Sexe :	H	F
Profession :		
Religion :		

Dans mon quotidien:	OUI	NON
J'ai l'habitude de pratiquer la méditation :		
C'est la première fois que je participe à une séance d'hypnose :		

Durant cette séance :	OUI	NON
Je suis parvenu à me relaxer et à suivre les suggestions qui m'étaient proposées :		
Je suis parvenu à ressentir la relaxation de tous mes muscles :		
Je suis parvenu à ressentir l'ancrage de mon corps :		
Je suis parvenu à ressentir les transmissions énergétiques :		
Je suis parvenu à avoir la sensation de quitter mon corps :		
Je suis parvenu à avoir la sensation d'être mis en contact avec un défunt :		
Je pense avoir pu communiquer avec un défunt :		
Je pense avoir reçu des informations de ce défunt :		

Globalement vous êtes:	
Très satisfait de cette séance :	
Plutôt satisfait de cette séance :	
Déçu de cette séance :	
Très déçu de cette séance :	

Remarques et suggestions :

Table des matières

Composition : Soft Office (38)

Achevé d'imprimer en janvier 2017
sur les presses de la Nouvelle Imprimerie Laballery
58500 Clamecy
Dépôt légal : janvier 2017
Numéro d'impression : 612311

Imprimé en France

La Nouvelle Imprimerie Laballery est titulaire de la marque Imprim'Vert®